다시,
돌아갈 수
있을까

다시,

돌아갈 수 있을까

유승준 지음

한 세대 만에 잃어버린
우리들의 아름다운 신앙의 흔적들

아바서원

지나간 세월로

되돌아갈 수만 있으면,

하나님이 보호해 주시던

그 지나간 날로 되돌아갈 수 있으면 좋으련만!

그때에는 하나님이 그 등불로 내 머리 위를 비추어 주셨고,

빛으로 인도해 주시는 대로,

내가 어둠 속을 활보하지 않았던가?

내가 그처럼 잘 살던 그 시절로

다시 돌아가서 살 수 있으면 좋으련만!

내 집에서 하나님과 친밀하게 사귀던

그 시절로 되돌아갈 수 있으면 좋으련만!

— 구약 성경 욥기 29장 2절~4절

1부 귓가에 예배당 종소리가 아련하게 들려오면

2부 청아한 풍금 소리에 맞춰 목 놓아 노래하던

3부 릴케와 헤세의 시 한 구절에 왈칵 목이 메고

나만의 추억 창고를 열고 몰래 그 안으로 들어가 보는 시간

초등학교 4학년 즈음 동네 친구 두 명과 우리들 사이에 통용되던 일명 '벌판(버려진 넓은 땅)'에서 놀고 있을 때였다. 어디선가 들려오는 노랫소리에 고개를 돌려보니 마치 동화 「피리 부는 사나이」의 한 장면처럼 어떤 아저씨가 메가폰을 들고 노래를 부르며 지나가는데 그 뒤를 동네 아이들이 따르고 있었다. 무슨 이유에서였는지 몰라도 나와 친구들도 홀리듯 그 뒤를 따라갔다. 그들이 도착한 곳은 상가 건물 2층에 있는 작은 교회였다. 그날 나는 생전 처음 교회 문턱을 넘었다. 내 기억으로 그때 그 아저씨(나중에 알고 보니 전도사님이었다)가 부른 노래는 "오라, 오라, 내게 오라, 내게 오라~" 하고 부르는 복음 성가였다.

그날 이후 나는 그 교회를 다니게 되었고, 전혀 새로운 사람으로 대접받으며 행복한 시간을 보냈다. 그 무렵 내 뇌리에는 '교회 다니는 사람은 다 천사다.'라는 개념이 자리 잡게 되었다. 그러다가 5학년 초에 이사를 가는 바람에 천사들이 있는 그 교회를 떠나게 되었다. 이사 간 동네에서는 스스로 교회를 찾아갈 용기가 없어 중학교 2학년 늦가을 친구를 통해 다시 교회에 초대될 때까지 교회를 다닐 수가 없었다. 그럼에도 '교회 다니는 사람은 다 천사다.'라는 기억만큼은 또렷했다. 그 시절 내가 본 크리스천들의 모습은 그랬다.

인도의 성자라 불리는 마하트마 간디는 개신교인들에 대해 이렇게 이야기했다고 한다.

"나는 예수 그리스도를 사랑한다. 그러나 예수님을 따른다고 하는 그리스도인들은 사랑하지 않는다. 왜냐하면 그들은 예수 그리스도를 닮지 않았기 때문이다."

부끄러운 일이지만 그의 말을 정당한 비판으로 받아들이지 않을 수 없다.

우리가 다시 '교회 다니는 사람이 천사 같았던 시절'로 돌아갈 수 있을까? 그리스도인들은 '예수 그리스도의 편지'라고 하는데 그 편지를 다시 읽어볼 수는 없을까? 저자는 이 책을 통해 그동안 내가 잊고 있었던 그 편지를 읽어주었다. 그때 그 시절, 소박했던 예배당 풍경과 추억들을 때로는 친구처럼, 때로는 선생님처럼, 때로는 아버지처럼 읽어주었다. 나는 글을 읽으며 누군가 내 청소년 시절을 몰래 영상에 담아 작가에게 넘겨주지 않았나 하는 착각에 빠지기도 했다. 각기 다른 곳에서 신앙생활을 했는데 어쩌면 이렇게 동일한 경험과 감흥을 느꼈을까 하는 생각에 미소가 지어지기도 했다. 작가가 나지막하게 읽어주는 편지를 들으면서 나만의 추억 창고를 열고 그 안으로 들어가 보는 귀한 시간을 갖게 되었다.

한 장 한 장 글을 읽다 보면 어디선가 그 옛날 한겨울 교실 난로 위에 켜켜이 쌓아 둔 빛바랜 도시락에서 김치가 서서히 눋는 냄새가 풍겨 오는 듯하다. 보다 많은 사람들이 이 책을 통해 경험은 다르더라도, 혹 조금 유치하거나 바보스럽다는 평가를 받더라도 언젠가 돌아볼 아름다운 추억 창고를 만드는 데 관심을 가졌으면 좋겠다. 사람이 나이가 들어갈수록 보수적 성향을 띠게 되고, 자꾸만 옛 생각에 잠기게 된다고 했던가? 그래도 어쩌란 말인가. 교회 다니는 사람이 다 천사처럼 느껴지던 그때 그 시절로 돌아가고 싶은 것을…….

—김병삼(경상남도 산청군 간디마을학교 교장)

한국 교회의 '오래된 미래'에 관한 이야기

작가의 글을 읽으면서 저도 잠시 저만의 교회 이야기를 한보따리 풀어놓고 싶은 충동에 사로잡혔습니다. 아마도 이 책을 읽는 독자들은 풀어놓고 싶은 저마다의 뭉클하고 따뜻한 교회 이야기보따리들이 있을 것입니다.

저는 고등학생 때 처음 교회를 출석했습니다. 1970년대 후반이었죠. 서로 다른 교복을 입은 남녀 학생들이 교회의 장의자에 좌남우녀로 구별해 앉아서 예배를 드리던 풍경이 인상적이었습니다.

여느 교회처럼 제가 출석하던 교회도 가을에는 문학의 밤을 열었고, 성극 공연을 했으며, 때로는 기도원을 찾아 산속에서 통성으로 기도했고, 성탄절에는 집집마다 새벽 송을 돌았습니다. 또 몇몇 학생들은 은밀하게 연애도 했지요.

그렇게 교회는 신앙만을 찾던 곳은 아니었습니다. 음악과 문학의 재능을 펼칠 수 있는 장이었고, 새로운 만남이 이루어지던 곳이었으며, 이성의 호기심을 풀던 연애당이기도 했습니다. 각박한 일상 속에서 정신의 허기를 채워주던 비상한 공간이었습니다.

그런데 지금의 교회는 이 많은 이야기들을 잃어버렸습니다. 목회자와 교인들 사이의 친밀감, 교인들 사이에 오가던 따뜻한 연대감, 그리고 그 가운데서 피어났던 많은 이야기들……. 다양한 문명의 이기들로 인해 몸의 편리는 늘어났지만 왠지 마음은 더 허전해졌습니다. 결핍이 없어서 오히려 더 결핍을 느끼게 된 것입니다.

어찌 생각하면 우리가 가려고 하는 곳, 가야 할 곳은 미래에만 존재하는 것이 아닙니다. 이미 많은 것이 우리 속에 존재해 있었던 것일지 모릅니다. 그래서 작가는 이 책을 통해서 한국 교회의 '오래된 미래'를 이야기하고 있는 것입니다. 우리가 이 책을 읽고 가슴이 따뜻해지는 경험을 통해서 오늘의 교회들이 잃고 있었던 '그 교회'로 다시 돌아갈 수 있기를 소망합니다.

—배재우(CBS PD · 편성국장)

눈을 감으면 선하게 떠오르는 그 시절 풍경들

오랫동안 방황하던 저는 대학에서 미국인 선교사를 만나 예수를 영접한 뒤 선교에 대한 비전을 갖고 신학대학원에 진학했습니다. 신학생으로서 평일에는 학교에서 공부를 하고, 주말이면 교회에 가서 교육전도사로 섬겼습니다. 1982년, 제가 전도사로 맨 처음 부임했던 교회에서 저자를 만났습니다. 이 글을 읽으며 40년 가까운 세월이 흐른 그때 일들이 엊그제 일인 양 생생하게 떠올랐습니다. 저는 교회에 가면 지하에 있는 방에서 지내다가 주일 저녁 집으로 돌아오곤 했는데, 당시 저와 함께 종종 방을 썼던 청년 중 한 명이 저자입니다.

교회가 위치한 성수동 지역은 경제적으로 넉넉지 못한 동네였습니다. 그럼에도 불구하고 학생들도 청년들도 성도들도 걱정 대신 항상 지하 기도실에서 뜨겁게 기도하면서 신앙으로 이겨 나가는 모습이 정말 아름다웠습니다. 제가 담당했던 학생들과 청년들은 만나기만 하면 아주 자연스럽게 피아노 주위에 모여 누가 정하지도 않았는데 화음을 넣어 가며 찬양을 했습니다. 지금도 눈을 감으면 당시 모습이 선하게 떠오릅니다. 학생들에게 1년 행사 중 하이라이트는 문학의 밤이었습니다. 문학의 밤을 같이 준비하던 날들이 생각나기도 합니다.

녹서를 통해 오랜만에 옛 향수에 푹 젖을 수 있어 좋았습니다. 그때 그 시절의 교회와 신앙생활, 무엇보다 중요한 신앙의 근본에 대해 생각할 수 있어 감사했습니다. 다시 돌아갈 수는 없지만 이 책 덕분에 얼마든지 그리워할 수는 있게 되었습니다. 추억에 젖어 그때만 좋고 지금은 나쁘다고 말하는 건 아닙니다. 그때나 지금이나 교회는 불완전하여 늘 약점과 장점이 공존합니다. 그럼에도 불구하고 옛날 생각이 많이 나는 것은 현재 교회보다 예전 교회가 조금 더 '교회다움'에 가까웠기 때문일 겁니다. 저자가 이 책을 쓴 것도 현대 교회가 과거 교회가 간직하고 있던 교회의 본질을 회복하고, 잃어버린 순수함과 소박함을 되찾기를 바라는 마음에서 일 겁니다. 저자의 바람이 우리 모두의 기도가 되기를 간절히 바랍니다.

—이재정(인도네시아 자카르타 믿음교회 담임목사)

아주 오래전 떠나온
내 고향 교회를 돌아간 기분

한때 386세대니 2029세대니 하는 말이 화두였던 때가 있었습니다. 나는 나의 앞 세대, 즉 386세대를 선망의 대상으로 삼으며 자랐고, 그들의 가치를 공유하고자 노력했으나 내가 나서 볼 차례가 되면 세상은 많이 바뀌어 있었죠. 바로 아래 아우들은 어떤가 싶어 뒤를 돌아보면, 2029세대는 우리와는 전혀 다른 가치관을 갖고 있다는 걸 느끼면서 나름대로 우리 또래에게 붙인 별명이 있습니다.

'막차 탄 사람들'

나의 세 오빠들이 1970~80년대 교회 문화의 정기를 받아 알차게 자라고 있을 때, 나는 그 밑으로 떨어지는 부스러기의 맛을 보느라 여념이 없었습니다. 나이로 보나 역량으로 보나 센터가 될 만한 때가 왔을 때는 교회 문화도 많이 바뀌어서 나처럼 선배들을 가까이에서 관심 있게 지켜본 애들이 아니면 교회에서 그 나이 또래는 뭘 해야 할지 알지 못하는 아이들이 대부분이었어요. 앞에 끼자니 애들은 가라, 소리 들을 것 같고, 뒤에 끼자니 우리를 꼰대 취급하고, 우리끼리 해보자니 아는 게 너무 없었던 거죠. 한 마디로 엄청 재미없었다는 말이에요. 이것만으로도 충분히 기운 빠지는데, 저 멀리 서울에서 들려오는 화려한 1990년대 기독교 문화의 새 패러다임은 지방 교회 청년이었던 우리의 기까지 팍 꺾어버렸습니다.

글을 읽으면서 아주 오래전 떠나온 내 고향 교회를 돌아간 기분이 들었습니다. 내가 태어나고, 유년 시절, 십대 시절, 청년 시절을 보낸 뒤 결혼하면서 떠나온 교회에요. 교회 종소리는 어렸을 때 들은 기억이 있고, 성미 주머니도 엄마 이름 아래 걸려 있는 걸 본 기억이 있는데, 등사기는 구경하면서 손에 진하게 묻은 잉크를 닦느라 고생만 했지 언제부터 없어졌는지는 기억에 없습니다. 여름성경학교를 시작할 때 깃발을 든 기수가 열 명은 되었던 대단했던 퍼포먼스도 구경만 실컷 하고, 막상 우리 차례가 왔을 때는 그런 건 하지 않고 앉혀놓은 채 노래만 들입다 부르게 했죠. 새벽 송도 중·고등학교 때만 따라다녔지 청년이 되었을 때는 하지 않았고요. 문학의 밤은 세상이 변해서인지 어른들의 기대하는 시선이 아니라 감시하는 눈초리를 받아 가며 겨우 흉내만 냈던 기억이 납니다.

그러나 어떤 세대에 속했든 교회 안에서 잔뼈가 굵고 청춘이라 할 시기를 지나 가정을 이루기까지 교회를 떠나지 않으며 교회에서 이모저모로 실컷 써먹을 일꾼으로 사는 것은 똑같아서, 그런 면에서 이 책은 내 이야기입니다. 산아제한 정책이 있을 정도로 아이들이 많았던 세대라 이런 사람들이 교회에 많을 것 같지만 여름성경학교 때 버글버글 했던 것에 비하면 지금까지 버티고 남은 사람은 그렇게 많지 않습니다. 그들을 위해 이 책이 세상에 나오지 않았나 하는 생각이 드네요. 작가의 세밀한 기억력과 따뜻한 표현력은 우리의 잠든 기억을 깨우고 하나하나 소환되어 온 교회 문화의 면면들을 만나노라면, 어느 대목에서는 웃음이 터지고 또 어느 대목에서는 눈물이 흐르기도 합니다. 그리운 얼굴들이 떠오르기도 하고 그때 내가 왜 그랬을까 후회도 하면서. 누가 경험했든 하지 않았든 살아온 시간 속에 함께하신 하나님과의 동행이 지금 나의 삶을 붙들고 있다면 우리는 선택받은 사람들입니다.

한국 기독교 역사가 백년을 훌쩍 넘어가면서 작금의 교회 모습에 우리 스스로 낯부끄러울 때가 많지만, 지금도 이 책의 주인공과 같이 참되고 신실한 교회의 일꾼 된 그리스도인들이 대한민국 곳곳에 작지만 뚜렷한 빛으로 살고 있음에 희망을 느낍니다. 울타리 바깥에서 진리를 찾아 헤매는 길 잃은 양들이 그 빛을 보게 될 때 하나님께서 일하실 것을 기대합니다.

—최에스더(『성경 먹이는 엄마』 『성경으로 아들 키우기』 저자)

그때 그 시절,
소박했던 예배당 풍경과 추억들

내가 주일학교와 중고등부 학생회 모임을 다니던 1970년대와 청년회 집회에 참석하던 1980년대만 해도 예배당 풍경과 교회 안의 모습은 지금과 참 많이 달랐다. 대부분 가난했고, 모든 게 부족했으며, 세련되지 못한 어설픔이 넘쳐났지만 한편으로는 때 묻지 않은 소박함이 산들바람처럼 맑고 풍요롭던 시절이었다. 형이나 누나들이 교회를 다니던 1960년대는 더 그랬을 것이고, 어머니 아버지가 신앙생활을 하던 일제강점기나 6·25전쟁 당시는 말할 필요도 없을 것이다. 고난과 핍박이 거세게 밀어닥치던 때였지만 그만큼 신앙의 내면은 강철 같이 견고했으며, 교인들 사이의 친밀함이나 신뢰감은 피붙이나 다름없을 정도였다.

1960~1970년대만 해도 지금과 같은 대형 교회는 별로 없었

다. 거의 다 작은 교회였고 도시든 농촌이든 육지든 섬이든 아이들이 차고 넘쳤기에 예배당 안에는 늘 아이들 웃음소리와 울음소리로 왁자지껄했다. 한 동네 아이들 모두 같은 학교를 다니고 같은 교회를 다니는 게 전혀 이상할 게 없었다. 그러니 학교 가서 친구를 만나면 다음 주일 교회에서 있을 부활절 행사 이야기를 했고, 예배당 가서 친구를 만나면 내일 학교 갈 때 가져 갈 숙제 이야기를 했다. 지금 생각해 보면 교회를 다니지 않던 아이들은 어떻게 살았을까 싶을 정도다. 서울 사대문 안의 몇몇 교회를 제외하면 서울에 있는 교회나 시골에 있는 교회나 시설이나 프로그램 면에서 별반 다를 것도 없었다. 오히려 낭만이나 추억은 시골 교회가 더 풍성했다.

요즘 한국 교회는 너무 삭막하고 건조해졌다. 예배만 끝나면 교인들이 썰물처럼 예배당을 빠져나간다. 같은 구역이나 봉사 팀 아는 얼굴 몇몇 외에는 서로 인사를 나눌 사람도 없다. 목사도 교인들 이름과 얼굴을 모르고, 뭐하는 사람인지 어디 사는지 어떤 고민과 문제를 가지고 있는지 모르니 그저 형식적인 악수나 목례만 나눌 뿐이다. 예배 중에 설교를 들으며 아멘을 외쳐대던 사람들이 주차장에서 차를 빼면서 시비가 붙어 멱살잡이를 하는 일도 심심치 않게 벌어진다고 한다. 한국 사회가 빠른 속도로 산업화, 도시화, 민주화 과정을 거치면서 사람들 사이에 나만 잘살면 된다는 극도의 이기주의와 익명성이 나타나게 되었는데, 그 영향이 교회 안에도 고스란히 흘러들어온 결과일 것이다. 공동체 문화나 인간관계 속으로 들어가지 않고 자신의 정체를 숨긴 채 조용히 예배당만 왔다 갔다 하는 은둔형 교인이나 주일 딱 하루만 신앙인으로 살아가는 선데이 크리스천이 부지기수인 게 우리의 현실이다.

어릴 적 내가 목격했던 어머니의 신앙생활은 그렇지가 않았다. 시계도 없는 시골 마을에서 자다가 문득 눈을 뜨면 새벽예배를 드리기 위해 무조건 어린 아들을 등에 업고 달빛을 따라 발걸음을 옮기며 예배당으로 향했다. 매일 아침 식사를 준비하기 전에 쌀독에서 쌀 한 사발을 퍼서 먼저 성미 항아리에 붓고 난 뒤 솥에 쌀을 안쳤다. 어느 날 쌀이 떨어져 밥을 짓지 못해 식구들이 쫄쫄 굶는 일이 벌어지더라도 성미 항아리 속의 쌀은 그 누구도 건드릴 엄두를 내지 못했다. 성미 항아리를 넘보는 일은 어머니와의 한 판 전쟁을 의미했기 때문이다. 토요일이면 미리 장을 봐놓고 주일 예배당에 갈 때 입을 제일 좋은 옷을 다리미로 빳빳하게 다려놓으셨다. 자신의 옷만 그렇게 한 게 아니라 온 가족들 옷을 다 정성껏 다리셨다. 맨 나중에는 헌금할 때 쓸 10원짜리, 50원짜리, 100원짜리 지폐를 새 돈처럼 만들어놓으셨다. 다린 돈은 봉투에 넣어 행여나 구겨질 새라 잘 때 요 밑에 깔고 잠자리에 들었다.

내가 본 건 어머니의 모습뿐이지만 나는 그 시절 내 어머니만 유별나게 그러셨을 거라고 생각하지 않는다. 예수 믿고 교회를 다니던 대부분의 어머니들이 그렇게 하셨을 것이다. 그때는 교회 다니던 어른들이 젊은 사람들에게 그렇게 가르쳤고, 자신들의 삶을 통해 몸소 실천하는 모습을 보여주었다. 목회자들도 엄격한 규율과 구별된 신앙인의 삶을 강조했다. 이런 어머니들의 가르침은 아이들에게도 그대로 전수되었다. 이기주의와 익명성이 교회 안으로 흘러들어오기 전, 한국 교회는 우리 민족 특유의 공동체 문화와 끈끈한 인간관계를 기반으로 신앙의 꽃을 피워 나갔다. 가난하고 배우지 못해 어렵게 살아가던 서민들은 예배당 안에서 소박한 낭만과 달콤한 추억을 만들며 아름다운 꿈과 신앙을 무럭무럭 키워 나갔다.

불과 30~40년 만에 우리는 너무 많은 것을 잃어버렸다. 잊지 말아야 할 것들을 잊고 살았으며, 간직해야 할 것들을 스스로 없애버렸다. 마을 언덕 위 예배당에서 울려 퍼지던 종소리는 사라진 지 오래고, 성미 주머니는 각종 명목의 헌금 봉투로 대체되었으며, 찬송가 궤도는 강단 뒤편을 가득 매운 대형 스크린으로 뒤바뀌었다. 소담스러운 한옥 예배당은 하나둘 헐려버렸고, 콘크리트와 돌을 쌓아올린 대형 예배당들이 우후죽순처럼 생겨났다. 그러는 사이 교회는 특유의 공동체 문화와 끈끈한 인간관계가 설곳을 잃게 되었고, 그 자리를 극도의 이기주의와 익명성이 차지해 버리고 말았다. 이제 어지간한 교회에서는 과거 우리네 어머니들이 보여주시던 신앙생활의 모습을 찾아보기 힘들게 되었다. 서민들의 소박한 낭만이나 달콤한 추억도, 형이나 누나 혹은 어른들을 보며 키워 가던 꿈과 신앙도, 새벽부터 밤중까지 이어지던 할머니와 어머니들의 눈물 젖은 간절한 기도 소리도 한순간에 끊겨버렸다.

나는 다시 한 번 그 시절로 돌아가고 싶었다. 시간을 되돌리거나 현재와 과거를 맞바꿀 수는 없어도 그때의 소박했던 예배당 풍경과 신앙생활의 추억들을 오롯이 되살려보고 싶었다. 모든 것이 나를 중심으로 돌아가는 지금의 교회 안에서 예전에 그랬듯이 우리 모두가 중심에 놓인 교회의 모습을 재현해보고 싶었다. 나는 한국 교회가 회복해야 할 초대교회는 2천 년 전 사도들에 의해 유대 땅과 아시아 일대에 세워진 교회가 아니라 135년 전 서양 선교사들로부터 복음을 전해 듣고 우리 조상들이 이 땅에 세웠던 최초의 교회, 백정과 양반들이 신분을 떠나 함께 예배드렸던 교회, 일제강점기에 애국계몽운동과 독립투쟁의 선봉이 되었던 교회, 6·25전쟁이 터졌을 때 목숨을 걸고 공산군과 맞서 싸웠던 교회, 가난이 숙명처럼 여겨지던 시절 주린 배를 움켜쥐고 찬송가를 부르며 쌀 한 톨과 콩 한 쪽이라도 나눠먹던 교회, 우리 할아버지 할머니 아버지 어머니들이 세우고 다니시던 바로 그 교회라고 생각한다. 한반도라는 실존적 터전 위에서 한민족의 현실 역사 속에 굳건히 뿌리내린 우리 조상들의 기독교와 교회가 오늘날 우리가 복원해야 할 기독교와 교회의 원형이라고 믿는다.

하지만 내가 기억과 정서에 의존해 재현해 낼 수 있는 예배당 풍경과 신앙생활의 추억들은 1970년대와 1980년대에 머물 수밖에 없다. 좀 더 노력한다면 가까스로 1960년대까지 거슬러 올라갈 뿐이다. 그 이전 세대의 일은 내 기억과 정서의 범위를 한참 벗어난다. 나는 그 시절 어머니 등에 업혀 혹은 손을 잡고 따라다니던 때로부터 교복을 입고 밤늦게까지 등사기로 주보를 밀어 예배를 준비하던 때까지의 이야기들을 모두 스물다섯 개의 키워드에 담아냈다. 부족하지만 이 스물다섯 개의 키워드에 담긴 옛날 이야기를 통해 우리가 한동안 잊고 있었던, 잃어버렸던, 허물어뜨렸던, 순수하고 소박하고 꾸밈없는 천진난만한 신앙생활의 모습과 예배당 풍경을 약간이나마 회복하고 복원해 낼 수 있다면 더 바랄 게 없을 것이다.

내 신앙의 원형이자 고향인 어머니와 한국 교회의 초석이 되었던 이 땅의 수많은 할머니 어머니들께 이 책을 바친다.

유승준

1부

귓가에 예배당 종소리가 아련하게 들려오면

"어머니는 이런저런 계산을 하거나 손익을 따지지 않으셨다. 시계가 없으니 본인이 의지하고 판단할 만한 것을 기준으로 이때쯤이다 싶으면 무조건 예배를 드리러 가신 것이다. 매일 걷는 길에 위험할 게 뭐가 있겠는가. 훔쳐갈 것도 없는 시골에 도둑이나 강도가 있을 리 없으니 두려울 게 없었을 것이다. 좀 일찍 도착하면 혼자 느긋하게 기도하고 찬송할 시간이 많으니 좋고, 좀 늦게 도착하면 홀로 남아 한적하게 기도하고 찬송하다 올 수 있으니 좋았을 것이다. 예수 믿는 기쁨, 기도하는 환희, 찬송 부르는 즐거움, 예배당을 찾아 가는 설렘, 이에 우선하거나 이를 대신할 수 있는 건 아무것도 없었다."

종탑

시간과 공간을 연결해주는 마음속의 메아리

옛날 예배당하면 제일 먼저 생각나는 것이 높다란 종탑이다. 그때는 대개 예배당 바로 옆에 목사님이나 전도사님의 사택이 붙어 있었는데, 예배당과 사택 중간쯤 혹은 거기서 가까운 부근에 종탑이 세워져 있었다. 예전에는 쇠가 귀했기 때문에 기다란 나무 기둥을 세워 종을 매달았다. 기둥 네 개를 경사지게 탑처럼 세우고 꼭대기에 작은 지붕을 만들어 종이 매달려 있도록 했다. 지붕 위에는 십자가가 달려 있었다. 청동이나 쇠로 만든 타원형의 종은 평상시 아래로 긴 밧줄을 늘어뜨린 채 말없이 예배당과 마을을 내려다보기만 했다. 예배 시간을 앞두고 밑에서 밧줄을 잡아당기면 종이 움직이면서 안에 있는 방울이 종신에 부딪쳐 땡그랑, 땡그랑, 우렁찬 소리를 내며 멀리까지 울려 퍼졌다. 매일 새벽

예배 때와 수요일 저녁예배 때 그리고 주일 아침예배와 저녁예배 때 어김없이 예배당 종소리가 퍼져 나갔다.

가위질을 언제 몇 번 하는지는 순전히 엿장수 마음대로 듯이 종을 언제 몇 번 칠지 역시 종 치는 사람 마음대로였다. 내 기억으로는 어렸을 때 내가 다니던 교회 목사님은 예배 시작 30분 전과 10분 전 이렇게 두 번에 걸쳐 종을 쳤던 것 같다. 30분 전에 미리 종을 치는 것은 이제 그만 하던 일을 멈추고 예배당에 갈 준비를 하라는 신호였으며, 10분 전에 또 한 번 종을 치는 것은 잠시 후면 예배가 시작된다는 긴박한 예고였다. 논이나 밭 또는 집 안에서 일을 하던 사람들은 예배당에서 울려 퍼지는 종소리를 듣고 늦지 않도록 서둘러 예배당으로 향했다. 시계가 흔치 않았던 시절이니 만큼 매번 정확하게 타종되는 예배당 종소리는 마을 사람들에게 시간을 알려주는 신통한 역할을 했다. 교회를 다니지 않던 사람들도 종소리를 듣고 오늘이 무슨 요일인지, 지금 시간이 얼마나 됐는지를 가늠할 수가 있었다.

"목사님, 제가 한번 쳐볼게요!"

"네가? 칠 수 있겠어? 힘들 텐데……."

"걱정 마세요. 잘 칠 수 있어요."

"그럼 어디 한번 해보렴. 줄을 힘껏 당겨야 한다."

"고맙습니다, 목사님!"

마을 어귀에서 친구들과 뛰어놀던 나는 저녁예배 시간이 다가오자 힐끔 예배당 쪽을 쳐다보았다. 목사님 모습이 보였다. 종을 치러 나오시는 것 같았다. 순간 나는 예배당을 향해 줄달음질 쳤다. 직접 종을 쳐보고 싶었기 때문이다. 숨이 턱까지 차올랐다. 다행히 아직 종소리는 울리지 않은 상태였다. 그날 나는 생전 처음으로 예배당 종을 쳐볼 수 있었다. 매번 듣기만 하던 종소리와 내가 직접 치면서 듣는 종소리는 달랐다. 어느 때보다 더 맑고 청량한 종소리였다. 어른들은 밧줄을 두 손으로 힘껏 잡아당기면 우렁찬 종소리가 울려 퍼졌지만 어린 나는 밧줄에 대롱대롱 매달리다시피 온몸의 힘을 다 실어서 당겨야만 겨우 종을 칠 수 있었다. 내가 친 종소리를 듣고 사람들이 예배를 드리러 올 생각을 하니 한없이 뿌듯했다.

예배당 종소리하면 떠오르는 건 집 나간 탕자의 비유였다. 아버지 품안에서 호의호식하다가 미리 유산을 상속받아 객지를 떠돌며 허랑방탕한 삶을 살던 중에 뒤늦게 자신의 잘못을 깨닫고 거지꼴을 한 채 아버지 집을 찾아오는 탕자의 모습. 이때 마을 언덕 아버지 집 근처에서 은은히 들려오는 예배당 종소리. 각기 다른 이 두 개의 풍경이 절묘하게도 그렇게 잘 어우러질 수가 없었다. 죄를 지은 아들이 아버지를 찾아 집으로 되돌아올 때는 그 어떤 장치보다 은은히 울려 퍼지는 예배당 종소리가 제격이었던 것이다. 실제로 영화나 소설 등에서 예배당 종소리는 소외당하고 상실감에 빠진 사람들이 예수 그리스도를 향해 돌아서거나 찾아들게 만드는 상징으로 많이 표현되었다. 실연당했을 때, 시험에 낙방했을 때, 직장을 잃었을 때, 부부싸움을 하고 집을 나왔을 때, 커다란 시험과 환란을 겪게 되었을 때, 객지를 처음 방문했을 때 귓가에 예배당 종소리가 들려오면 마음이 울컥 하거나 알 수 없는 평안이 찾아들면서 자신도 모르게 발걸음이 교회로 향하게 되는 경험을 한 사람들이 많을 것이다.

이렇듯 수많은 추억을 간직한 예배당 종탑은 시대의 변화에 따라 점점 자취를 감추고 말았다. 1980년대로 접어들면서 차임벨이 등장했기 때문이다. 예배당 십자가 첨탑 아래에는 예외 없이 커다란 스피커들이 설치되었다. 예배 시간을 알려주던 청아한 종소리는 각종 찬송가를 현란한 반주로 들려주는 차임벨로 대체되었다. 예배당 인근에 살던 주민들로부터 시끄럽다며 제발 차임벨 좀 울리지 말아달라는 항의를 받기 시작한 것도 아마 이 무렵일 것이다. 때를 맞춰 온 마을에 예배당 종소리가 울려 퍼지던 시절에는 상상할 수도 없는 일이었다. 요즘은 한적한 산골 마을을 가도 좀처럼 종탑이 있는 예배당을 찾아보기가 어렵다.

『강아지 똥』, 『몽실 언니』 등 주옥같은 동화로 널리 알려진 아동문학가 권정생 선생은 예배당 종 치는 일을 맡아하던 종지기였다. 1937년 일본 도쿄 빈민가에서 가난한 노동자의 일곱 남매 중

여섯째로 태어난 그는 광복 직후인 1946년 외가인 경북 청송으로 돌아왔으나 가족들과 헤어져 전국을 떠돌며 유리걸식하는 삶을 살아야 했다. 1967년부터 부모님이 거주하던 경북 안동시 일직면 조탑리에 정착하여 사람들의 배려로 일직교회 문간방에서 종지기 생활을 하면서 틈틈이 동화를 쓰기 시작했다. 그는 전쟁보다 무서웠던 가난으로 인해 폐결핵과 늑막염을 앓았으며, 키가 170센티미터인데도 몸무게가 37킬로그램을 넘은 적이 없을 만큼 운명처럼 지병을 안고 살았다. 게다가 신장을 드러내는 수술을 한 결과 평생 소변 주머니를 차고 살아야 했다. 그런 몸으로 그는 여름이면 새벽 4시와 밤 8시, 겨울에는 새벽 5시와 밤 7시에 어김없이 종을 쳤다. 무려 16년 동안이나 이어진 일이었다.

그는 한겨울에도 종을 칠 때 장갑을 끼지 않았다고 한다. 새벽 종소리는 가난하고 소외받고 아픈 이가 듣고, 벌레며 길가에 구르는 돌멩이도 듣는데, 어떻게 따뜻한 손으로 칠 수 있느냐는 것이었다. 하루도 빠짐없이 마을 곳곳에 울려 퍼지는 종소리, 사람들의 가슴속을 파고드는 메아리 같은 울림, 이것이 그를 지탱시켰고, 그의 문학적 에너지가 되었다. 그는 1983년 예배당에 차임벨이 들어오면서 종지기의 소임을 내려놓고 교회 인근에 허름한 흙집을 지어 홀로 글을 쓰며 살았다. 베스트셀러 작가가 된 이후에도 변함없이 가난한 삶을 이어가던 그는 알뜰히 모아둔 인세를 가난한 아이들을 위해 써달라는 유서를 남긴 채 2007년 하느님의 부르심을 받았다. 그는 『우리들의 하느님』이라는 책에서 이런 글을 남겼다.

'…… 다만 내가 예배당 문간방에 살면서 새벽종을 울리던 때가 진짜 하느님을 만나는 귀한 시간이었는지 모른다. 특히 추운 겨울날 캄캄한 새벽에 종 줄을 잡아당기며 유난히 빛나는 별빛을 바라보는 상쾌한 기분은 지금도 그리워진다. 1960년대만 해도 농촌 교회의 새벽기도는 소박하고 아름다웠다. 전깃불도 없고 석유램프 불을 켜놓고 차가운 마룻바닥에 꿇어앉아 조용히 기도했던 기억은 성스럽기까지 했다. 교인들은 모두 가난하고 슬픈 사연들을 지니고 있어 가식 없는 대화를 나눌 수 있었고, 그중에 6·25 때 남편을 잃고 외딸 하나 데리고 살던 김 아무개 집사님의 찬송가 소리는 가슴이 미어지도록 애절했다. …… 새벽기도가 끝나 모두 돌아가고 아침 햇살이 창문으로 들어와 비출 때, 교회 안을 살펴보면 군데군데 마룻바닥에 눈물자국이 얼룩져 있고 그 눈물은 모두가 얼어 있었다.'

건물이 아니라
심령에 세워야 할
믿음의 징표

20여 년쯤 전의 일이다. 회사 산악회에서 백두산(白頭山) 등정을 간 일이 있었다. 백두산을 오른다고 해서 텔레비전에 나오는 것처럼 산소통을 매고 거창한 장비들을 주렁주렁 걸친 채 눈 덮인 고산을 오르는 게 아니었다. 김포공항에서 상하이와 베이징을 거쳐 연변에 다다른 일행은 호텔에서 버스를 대절해 반나절 가까이 이동한 뒤 백두산 바로 아래에서 다시 산악용 지프차를 갈아타고 산길을 굽이돌아 백두산 정상인 천지 코앞까지 가서야 차에서 내렸다. 백두산에 발을 내딛은 뒤 화산이 분출할 때 생긴 작은 현무암 덩어리들을 밟고 천지가 한눈에 내려다보이는 지점까지 올라가는 데 걸린 시간은 고작 10분도 되지 않았다. 그러고서도 우리는 사력을 다해 민족의 영산 백두산에 오른 것처럼 비장한 표정을 지은 채 기념사진을 찍었다. 이정표로 세워둔 돌에는 한자로 장백산(長白山)이라고 씌어 있었다. 우리 땅이 아닌 중국 땅을 통해 우리나라를 대표하는 산에 올라야 한다는 게 씁쓸하고 서글펐다.

버스를 타고 백두산을 향해 이동하는 비포장도로 중간 중간에는 자그마한 조선족 마을들이 둥지처럼 자리를 잡고 있었다. 그때 한순간 내 눈에 들어온 장면을 지금도 나는 잊을 수가 없다. 너와집처럼 나무들을 얼기설기 엮어 만든 다 쓰러져 가는 어떤 집 지붕 위에 나뭇가지로 십자가를 세워둔 것이었다. 또렷한 십자가 형상이었다. 교회 간판도 예배당처럼 보이는 그 어떤 장식이나 표식도 없었지만 분명히 예배당이었다. 질주하는 버스를 세울 수 없었기에 나무 십자가 집은 점점 내 시야에서 사라져 갔다. 이 외진 산골 마을에서 공산정권의 감시를 피해 아직도 저렇게 신앙생활을 이어가는 사람들이 있구나 생각하니 가슴이 뭉클해졌다. 당시 내가 본 초라한 나무 십자가는 말 그대로 신앙의 상징이자 믿음의 징표로서 경외의 대상이었다. 다시 서울로 돌아온 나는 시내 어디서든 볼 수 있는 그 흔한 예배당 십자가들을 보며 아무런 감동을 받을 수 없었다. 한국 교회가 점점 더 대형화되면서 십자가는 갈수록 많아지고 화려해졌지만 십자가가 주는 본래의 의미와 감흥은 사라진 지 오래이다.

1960년대만 해도 예배당 십자가는 소박했다. 예수 그리스도의 희생과 구원이라는 숭고한 의미가 강조되었을 뿐 다른 겉멋을 들인 장식이 별로 없었다. 어둠이 다 물러가지 않은 새벽이나 깜깜한 밤중에는 예배당도 십자가도 보이지 않았다. 그저 그 즈음에 예배당이 있고 예배당 어디쯤엔가 십자가가 있다는 걸 짐작으로 가늠할 뿐이었다. 강대상도 강대상 위의 십자가도 예배당 뾰족지붕 위의 십자가도 어디서나 볼 수 있는 평범한 나무로 만든 것이었다. 거부감이나 위압감과는 거리가 멀었다. 본디 교회와 십자가는 신앙을 가진 사람들의 마음속에 자리하는 것일 뿐 밖으로 드러난 그 무엇일 수 없는 법이다. 예배당은 신앙을 가진 사람들이 함께 모이기 위해 편의상 만든 장소 외에 다름 아니다. 예배당이 거대하고 거창해지며 십자가가 화려하고 웅장해질수록 그 안에 깃든 뜻은 왜곡되거나 왜소해지게 마련이다.

"엄마, 정말 멋있다. 그치?"
"저렇게 밝을 줄은 몰랐는데…… 이제 멀리서도 교회를 금방 찾을 수 있겠네."
"그러게. 와, 진짜 빨갛다. 신기하다……."
"전기세가 많이 나오지는 않을까 걱정이긴 한데……."

1970년대 중후반 이후 서울 등 대도시를 중심으로 예배당 지붕 위에 세워둔 십자가에 빨간색 전깃불이 들어오게 만드는 네온사인이 등장하기 시작했다. 불빛이 워낙 강렬했기에 멀리서도 예배당 십자가가 빨간색으로 또렷하게 반짝였다. 네온사인 십자가 열풍은 빠른 속도로 전국 곳곳에 퍼져나갔다. 색깔도 붉은색에서 하얀색이나 분홍색 등으로 더 다양해지고 화려해졌으며 크기나 모양도 갈수록 진화했다. 산골에 있는 교회도, 바닷가에 있는 교회도 예배당이라는 예배당은 모두 네온사인 십자가로 바뀌었다. 하도 여기저기 같은 색깔과 모양의 네온사인 십자가가 많아 눈이 밝지 않은 할머니들은 밤중이나 새벽에 예배당 찾아가기가 더 어려워졌을 수도 있다. 남산이나 북한산 자락에 올라 혹은 좀 높은 빌딩 옥상에 올라가 서울 시내를 바라다보면 붉은색 네온사인 십자가가 장안 전체를 뒤덮고 있는 것처럼 보였다. 한 건물 안에 장로교, 감리교, 침례교, 성결교 등 다른 교단에서 세운 교회가 여럿 있을 경우 옥상 위에 세워둔 십자가 불빛은 그 개수만큼 매일 밤 하늘을 밝힌 채 서 있었다. 그야말로 서울은 십자가의 홍수였다. 종탑이 사라지고 차임벨이 등장하던 것과 거의 같은 시기에 벌어진 일이었다. 십자가는 더 이상 숭고한 경외의 대상이 아니었다. 백화점이나 슈퍼마켓을 밝히는 현란한 조명처럼 세속화의 상징이 된 싸구려로 전락해 버리고 만 것이다.

일산 호수공원은 시민들의 사랑을 한 몸에 받고 있는 아름다운 곳이다. 매일 저녁 공원을 산책하는 것은 일상에 지친 시민들에게 큰 위안이 되는 일이다. 그런데 공원을 거닐다 보면 맞은편 중앙로 큰길가에 정말 어마어마한 크기의 대형 십자가가 서 있는 걸 볼 수 있다. 인근에서 가장 크다는 대형 교회에서 세워둔 십자가이다. 나는 그 십자가를 볼 때마다 연변 조선족 마을에서 봤던 작고 초라한 나무 십자가를 떠올리곤 한다. 어린 시절 학교를 오가며 바라봤던 투박한 예배당 십자가는 늘 마음을 설레게 만들었다. 백두산 가는 길에 봤던 그 십자가가 그랬다. 하지만 호수공원에서 바라보는 대형 십자가는 마음을 답답하고 어둡게 만든다. 저 십자가는 도대체 누구를 위한 십자가일까. 누구 보라고 만들어둔 십자가일까.

십자가는 중죄인을 매달아 죽이는 사형 도구였다. 죽음의 상징이다. 예수 그리스도가 십자가에서 죽음으로써 인간에 대한 사랑과 구원을 완성했듯, 그의 제자인 우리도 내 욕망과 이기심과 탐심을 버리고 그를 따라 십자가에서 죽기를 각오하고 기도하는 마음으로 바라봐야 하는 것이 십자가이다. 누군가를 죽이거나 무언가를 얻어내기 위한 도구일 수가 없다. 따라서 십자가는 멋지게 세련되고 화려하게 장식되어야 할 물건이 아닌 것이다. 십자가를 바라보면 늘 죽음을 생각해야 하고, 죽기를 각오해야 하고, 죽는 것을 두려워하지 않아야 하기에 십자가를 더 크고 강력하게 세워야 할 곳은 내 마음이지 예배당이 아니다. 예배당에는 십자가가 하나도 없어도 무방하다. 나는 하나도 없을수록 더 좋다고 생각한다. 교회가 타락하고 욕망과 탐심에 노예가 되면 될수록 아이러니하게도 십자가는 더 크고 현란해졌다. 옛날에는 그렇지 않았다. 예배당 십자가는 더 작아지고, 예수 믿는 사람들의 심령 속에는 갈수록 크고 웅장한 십자가가 자리하게 되는 교회가 진정 건강하고 아름다운 교회일 것이다.

현재 내가 다니는 교회는 예배당도 없고 십자가도 없다. 한강이 내려다보이는 양화진 언덕 위 서양 선교사들의 무덤이 있는 곳에 구청에 기증한 양화진홍보관을 예배 처소로 쓰고 있다. 제법 많은 교인들이 모여 예배를 드리지만 건물 외관 어디에도 십자가나 현판이 보이지 않으니 모르는 사람들은 여기가 교회라고 여기질 않는다. 강단에는 그 흔한 꽃 장식이나 화분 하나 놓여 있지 않다. 겨우 작은 강대상 하나에 나무로 만든 자그마한 십자가 하나가 세워져 있을 뿐이다. 예배 처소 위쪽은 으스스한 공동묘지이고, 바로 옆에는 구한말 예수 믿는 천주교인들의 목을 잘랐던, 이름도 무시무시한 절두산이 자리한 곳이지만 이런 초라한 교회를 사람들은 자꾸만 찾아든다. 으리으리한 예배당과 거대하고 화려하게 장식된 십자가에 질리고 실망한 사람들이 그만큼 많다는 증거일까. 어쨌든 나는 십자가도 간판도 세워지지 않은 지금의 교회가 참 좋다.

———— 달빛 시계

계산하거나 탓하지 않는 무모함의 아름다움

소설가 이문열의 대표작인 『우리들의 일그러진 영웅』은 1950년대 말 한 시골 마을에 있는 작은 국민학교를 무대로 하고 있다. 한병태는 서울에 있는 명문 학교를 다니며 남부러울 게 없이 자라던 똑똑한 아이였다. 그런데 어느 날 갑자기 공무원이던 아버지가 한직으로 밀려나 부득이 시골로 전학을 가게 된 것이다. 낡은 학교 건물이며 얼마 되지 않는 작은 학급 수, 시골 아저씨들처럼 후줄근한 선생님들과 초라하기 짝이 없는 아이들의 행색 등 옮겨간 학교는 마음에 드는 게 하나도 없었다. 한병태는 아이들에게 자기가 서울에 있는 명문 학교에서 얼마나 잘 나가던 아이였고, 공무원 아버지를 둔 자기 집이 얼마나 대단한 집인지를 자랑하고 싶어 안달이 난다. 이때 소년은 끝없는 투쟁의 대상에서 한없는 굴종의 대상으로 바뀌는 엄석대를 만나게 되고, 그를 통해 비로소 자신을 마음껏 드러낼 기회를 갖는다.

> '…… 그것만도 아니었다. 마치 내 마음속을 읽었기나 한 듯 석대는 내 아버지의 직업과 우리 집안의 살림살이도 물어주었다. 그 덕분에 나는 또한 특별히 내세운다는 느낌을 아이들에게 주지 않고도 군청에서 군수 다음가는 자리에 있는 내 아버지와, 라디오가 있고 시계는 기둥시계까지 셋이나 되는 우리 집의 넉넉함을 아이들 앞에 드러낼 수 있었다.'

당시 시계는 부의 상징이었다. 시계가 셋이나 되는 집이라면 꽤 잘사는 집이었던 것이다. 1970년대 중반까지만 해도 그랬다. 비교적 형편이 넉넉한 집이라 해도 시계는 누구나 찰 수 있는 흔한 물건이 아니었다. 원하는 중학교나 고등학교 혹은 대학교에 합격을 하면 벼르고 벼르던 시계를 입학 기념으로 사주던 시절이었다. 근사한 손목시계를 차고 다니는 학생들은 부러움의 대상이었다. 새 시계를 차게 되면 시도 때도 없이 시계를 들여다보며 으스대곤 했다. 학교에서는 정기적으로 학생들의 살림살이를 조사하곤 했는데, 각자의 집안 형편이 어떤지를 알아보는 조사 항목에 라디오, 시계, 재봉틀 이런 것들이 항상 들어 있었다. 교회도 마찬가지였다. 시골에 있는 작은 교회는 시계가 걸려 있지 않은 곳이 많았다. 그러니 교인들 집이야 말할 것도 없었다. 목사님이 시간에 맞춰 열심히 종을 치고 기다려도 교인들은 당장 급한 농사 일 먼저 끝내고 대충 어림짐작으로 때를 맞춰 예배당으로 향했다.

"자다가 문득 잠이 깨거나 눈이 떠지게 되면 방문을 열고 하늘을 올려다봤지. 달이 어디쯤 떠 있나 본 게지. 달 모양새나 위치 같은 걸로 대충 시간이 얼마나 됐는지를 가늠하는 거야. 지금쯤 출발하면 되겠다 싶을 때 일어나 옷을 입고 아직도 깊은 잠에 빠져 있는 너를 등에 업어 포대기로 칭칭 두른 다음 성경책과 찬송가를 들고 집을 나섰지. 예배당 가는 길이야 눈 감고도 빠삭하니까. 다행히 보름달이 휘영청 뜬 날은 산길이나 논두렁이 잘 보이니까 쉬웠지만 날씨가 궂은 날은 시간도 모르겠고 길도 안 보이고 애를 참 많이 먹었지."

내 고향은 충남 부여군 규암면 라복리라는 곳이다. 마을에 기독교대한성결교회에서 세운 교회가 하나 있었는데, 어머니는 이 교회를 다니셨다. 내가 어릴 적만 해도 전기가 들어오지 않던 작은 마을이었다. 어머니는 호롱불에 의지해 바느질도 하고 성경책도 읽으셨다. 집안일 하랴 자식 넷 건사하랴 고단함이 이만저만 아니었을 텐데도 매일 새벽예배를 빠지지 않으셨다. 집에 시계가 하나도 없으니 예배 시간에 딱 맞춰 교회를 가는 게 보통 일이 아니었다. 그나마 낮이나 저녁때는 시계 있는 집에 물어볼 수도 있어 형편이 조금 나았으나 깜깜한 새벽이 문제였다. 예배당이 멀어 종소리도 들리지 않았기에 어머니가 유일하게 의지한 것은 달빛이었다. 하지만 이게 시계처럼 정확할 리 만무했다. 어떤 날은 지나치게 일찍 도착해서 예배가 시작될 때까지 두어 시간 동안이나 기도와 찬송을 반복해야 했으며, 어떤 날은 지각을 해서 예배가 한참 시작된 뒤 까치발을 딛고 예배당을 들어서야만 했다. 그런 날은 죄스러운 마음에 예배가 끝난 뒤 홀로 남아 한참을 더 기도하다가 돌아왔다고 한다.

> "신기한 게 너는 예배당만 가면 울지를 않았어. 아기일 때도 뉘어 놓으면 잠을 자거나 방긋방긋 웃고만 있었지. 좀 큰 다음에도 가만히 앉아 있거나 시끄럽지 않게 놀곤 했지. 지금처럼 엄마와 아이들이 따로 예배드리는 공간이 없었으니까. 내가 얼마나 편했는지 모른다."

나는 가끔씩 어머니 말씀을 곱씹어보곤 한다. 시계 하나 없던 시절, 시간이 얼마나 됐는지도 모른 채 자다 깨면 무작정 아이를 들쳐 업고 새벽예배를 드리기 위해 집을 나서 캄캄한 산길과 논길을 지나 예배당으로 향하던 발길이 가벼웠을까 무거웠을까, 마음이 기쁨으로 가득 차 있었을까 두려움으로 가득 차 있었을까. 상상하기조차 쉽지가 않다. 나라면 어떻게 했을까. 요즘 젊은 엄마들이라면 어떻게 했을까. 나라면 그냥 자거나 예배 시간이라고 짐작되는 즈음에 잠깐 무릎 꿇고 기도한 후 다시 잠을 청했을 것이다. 가로등도 손전등도 없는 새까만 길을 오직 달빛에 의지해 한 걸음 두 걸음 예배당을 찾아간다는 것은 너무 무지하고 무모한 일인 것처럼 보이는 까닭이다. 예배 시간 두 시간 전에 예배당에 다다르면 예배가 시작되기까지 혼자 기도하고 찬송하며 기다려야 한다니 이 얼마나 황당한 일인가. 어림짐작이 틀려 예배가 다 끝난 후 예배당에 도착하면 이 또한 얼마나 민망한 일인가. 다들 돌아간 뒤 홀로 남아 기도하고 찬송하다가 터덜터덜 되돌아오는 발걸음은 꽤나 허무할 터이다.

하지만 어머니는 이런저런 계산을 하거나 손익을 따지지 않으셨다. 시계가 없으니 본인이 의지하고 판단할 만한 것을 기준으로 이때쯤이다 싶으면 무조건 예배를 드리러 가신 것이다. 매일 걷는 길에 위험할 게 뭐가 있겠는가. 훔쳐갈 것도 없는 시골에 도둑이나 강도가 있을 리 없으니 두려울 게 없었을 것이다. 좀 일찍 도착하면 혼자 느긋하게 기도하고 찬송할 시간이 많으니 좋고, 좀 늦게 도착하면 홀로 남아 한적하게 기도하고 찬송하다 올 수 있으니 좋았을 것이다. 예수 믿는 기쁨, 기도하는 환희, 찬송 부르는 즐거움, 예배당을 찾아 가는 설렘, 이에 우선하거나 이를 대신할 수 있는 건 아무것도 없었다. 20세기 초 평양에서 대부흥 운동이 일어났을 때, 멀리 전라남도나 경상남도 지역에 살던 어머니들이 아이들을 데리고 먹을 양식을 싸서 머리에 이고 진 채 며칠을 걸어 사경회에 참석했던 일은 지금의 한국 교회를 있게 한 눈물겨운 전통과 자양분이었다. 오늘날 지성과 이성으로 무장한 크리스천들이 본다면 참으로 무지하고 무모하게 보이는 일이겠지만 이런 무지함과 무모함 덕분에 지금 우리가 이만큼 누리며 살게 되었고, 한국 교회가 이나마 지탱할 수 있게 된 것이다.

예수님이 우리에게 원하시는 건 단순하고 순수하고 소박한 믿음이다. 창조주이신 주님이 보기에 한줌도 되지 않는 알량한 지성과 이성으로 계산하고 손익을 맞추고 판단하고 따져서 결국엔 자신의 이기심과 욕망을 채우려는 태도는 주님이 가장 싫어하시는 것이다. 오늘날 도처에 널린 게 시계이다. 그러나 시간에 맞춰 일찍 교회에 도착했는데도 주차할 곳이 없으면 예배드리기를 포기하고 그냥 되돌아가는 교인에게 시계가 무슨 소용이 있겠는가. 정확히 5분 전에 예배당에 도착해서 예배가 끝나자마자 재빨리 예배당을 빠져나가는 교인에게 시계는 무슨 의미일까. 시간의 주관자이신 주님 앞에서 우리가 이토록 시간에 야박하고 인색하다면 차라리 시계가 없던 그때가 지금보다 얼마나 더 넉넉하고 풍요로운 시절이었던가.

한옥 예배당

새로운 신앙과 오래된 전통과의 절묘한 조화

초기 천주교회 성당과 개신교회 예배당은 대부분 한옥의 형태로 지어졌다. 그러다가 일제강점기를 거쳐 6·25전쟁을 겪은 뒤 폐허 속에서 가난과 사투를 벌이며 경제 발전을 위해 몸부림치는 동안 한옥 성당과 예배당은 거의 다 철거되고 콘크리트나 대리석 등으로 웅장하게 지은 현대식 성당과 예배당이 들어서게 되었다. 지금까지 남아 있는 일부 한옥 성당과 예배당은 대개 문화재로 지정되어 보호되고 있는 실정이다. 한국 교회가 좀 더 세심하게 토착화를 위해 노력하지 못한 채 내적으로는 무조건 전통 문화와 풍습을 배척하고, 외적으로는 국적 불명의 건축물을 마구 건립해 아름다운 우리 전통 건축 양식을 등진 것은 너무도 안타까운 일이다. 영국이나 프랑스, 독일, 스페인 등 유럽의 기독교 문명국들을 방문할 때면 오랜 역사와 전통에 걸맞게 최고의 건축가들이 자국의 건축 양식으로 건립한 수백 년 이상 이어져 온 성당과 예배당들을 볼 수 있다. 우리 역시 서울 한복판에 경복궁, 덕수궁, 창경궁 등 고색창연한 고궁들이 들어서 있어 세계적인 자랑거리가 되고 있다. 반면 서울을 방문한 외국의 크리스천들에게 보여줄 만한 선교 초기에 지어진 한옥 교회는 언뜻 떠오르지 않는다.

경북 영천시 화북면에 가면 한옥으로 예스럽게 지어진 아름다운 성당과 예배당이 나란히 자리하고 있다. 성당의 이름은 영천본당 자천공소이다. 낮은 기단에 정갈한 처마가 한눈에 들어오는 단층짜리 팔작지붕 집이다. 절집처럼 화려하게 단청을 칠하지 않고 원목의 느낌을 그대로 살려 들기름을 칠해 놓은 것이 고풍스러운 멋을 더한다. 각각 독립된 두 채의 건물이 'ㄱ'자 형태로 놓여 있다. 정면은 각기 4칸과 6칸으로 구분되어 있으며, 측면은 가운데 커다란 문이 달린 1칸짜리이다. 마당에는 100년도 넘었다는 소나무 한 그루가 굽이굽이 기막힌 자태를 뽐내고 있다. 교인들은 시대가 바뀌는 중에도 한옥 성당을 잘 보존한 채 옆에 현대식 성당 건물을 하나 더 지어 용도에 맞게 사용하고 있다. 같은 동네에 1903년에 세워진 장로교 한옥 예배당인 자천교회가 있다. 야트막한 토담에 기와를 얹은 담장이 꽤 앙증맞다. 정면에 '禮拜堂'이라고 한자로 현판을 달아 놓았다. 한옥은 지붕의 형태로 집의 건축 양식을 구분하는데, 자천교회는 특이하게 숭례문이나 광

화문처럼 우진각지붕을 하고 있다.

한국 교회 가운데 토착화에 가장 주력한 교회는 성공회다. 따라서 성공회에는 제대로 된 한옥 성당이 가장 많이 남아 있다. 대표적인 것은 인천 강화도에 있는 강화성당이다. 건축적으로 가장 완성도가 높고 예술성이 뛰어난 강화성당은 1896년 강화에서 처음으로 조선인이 세례를 받은 것을 계기로 해서 1900년 11월 15일 대한성공회 초대 주교인 찰스 존 코프(Charles John Corfe)가 건립하였다. 성당은 절을 올라가듯 긴 계단을 걸어서 올라가게 되어 있다. 입구도 사찰처럼 외삼문과 내삼문을 지나야만 성당을 마주할 수 있다. 삼문은 양쪽에 같은 크기의 낮은 문이 두 개 있고, 가운데는 높다란 솟을대문이 만들어져 있는 것을 가리킨다. 외삼문 팔작지붕 현판에는 '성공회강화성당(聖公會江華聖堂)'이라는 글이 한문으로 쓰여 있다. 동쪽에는 초대 사제의 묘비가 서 있으며, 내삼문 서쪽 칸에는 절에서 많이 볼 수 있는 범종이 걸려 있는데, 감사성찬례 때 사용한다고 한다. '천주성전(天主聖殿)'이라는 현판이 걸린 성당은 팔작지붕에 돌 십자가가 세워져 있다. 성당의 외관은 사찰과 유사한 건축 구조를 갖추고 있지만 정면 4칸, 측면 10칸의 성당 내부는 전형적인 바실리카 양식으로 예배와 성찬예식을 할 수 있게끔 충실히 건축되어 있다.

강화도에 있는 또 다른 성공회 한옥 성당은 온수리성당이다. 나중에 성공회 3대 주교가 된 트롤로프(Mark Napier Trollope) 신부에 의해 1906년에 건축된 이 성당은 강화성당과 달리 선교사들이 주도해서 건립한 게 아니라 신도들이 스스로 땅을 헌납하고 자금을 마련해서 지었다. 강화성당과 마찬가지로 입구에는 삼문이 세워져 있다. 특이한 것은 가운데 솟을대문 위에는 예배 시간을 알릴 때 치는 종이 매달려 있다는 것이다. 성곽의 망루처럼 생긴 우진각지붕 아래 곱게 매달려 있는 아담한 종은 가히 우리나라 예배당 종루 중 최고라고 하지 않을 수 없다. 정문과 직각 축으로 만나게 세워진 성당은 '성안드레성당'이라는 한글 현판이 걸려 있으며, 정면 3칸에 측면 9칸짜리 단층 팔작지붕 집으로 '일(一)'자형 전통 한옥이다. 지붕 용마루 양쪽에는 작은 십자가가 세워져 있고, 내부는 바실리카 양식으로 열두 사도를 상징하는 열두 개의 기둥을 통해 지성소와 회중석을 구분하고 있다. 정문 바깥쪽에는 1898년에 트롤로프 신부가 건축한 사제관이 낮은 담장 안에 'ㄷ'자로 배치되어 있다. 자천공소와 마찬가지로 교인들은 한옥 성당을 온전히 보존한 채 그 위쪽에 돌로 쌓아 올린 새로운 성당을 지어 여러 가지 목적으로 사용함으로써 온고지신(溫故知新)을 실천하고 있다.

초기 한옥 예배당에서는 남자와 여자가 서로 얼굴을 마주볼 수 없게 떨어져 앉았다. 심지어 예배당을 들어가고 나오는 출입문도 남자용과 여자용으로 나뉘어 반대편에 따로 만들어져 있었다. 『예기(禮記)』 〈내칙(內則)〉 편에 나오는 '남녀칠세부동석(男女七歲不同席)'이라는 유교적 가치관이 교회 안에도 고스란히 반영되었기 때문이다. 앞에 나온 자천교회는 예배당 가운데에 건너편을 볼 수 없게끔 나무로 칸막이가 설치되어 있었다. 단상에서 왼쪽은 여자가 오른쪽은 남자가 앉아 예배를 드린 것이다. 마음껏 봐도 되는 건 천장에 드러난 서까래와 대들보뿐이었다. 예배를 인도하는 선교사나 목사는 강단에서 양쪽을 다 보면서 찬송가를 부르고 설교를 할 수 있었지만 교인들은 남자와 여자가 서로 갈려 들어오고 나가며 예배를 드리는 모든 순간에 서로를 볼 수 없었다. 전북 김제시 금산면에 있는 금산교회 한옥 예배당은 'ㄱ'자로 된 예배당이다. 1908년 미국의 데이트(Lews Boyd Tate) 선교사가 지역 주민인 조덕삼과 이자익 등의 도움을 받아 건립한 교회로 '일(一)'자형인 자천교회와 달리 예배당이 'ㄱ'자로 굽어 있어 남쪽은 남자들이, 동쪽은 여자들이 앉아 예배를 드렸다고 한다. 이와 같은 'ㄱ'자형 한옥 예배당은 기독교인의 수가 점점 증가함에 따라 전통적 가치관을 지키고 따르면서도 한 공동체 안에서 신앙생활을 하게 하는 편리한 방식이란 점이 많은 사람들의 호응을 얻어 개항기와 일제강점기에 전국에 걸쳐 광범위하게 나타나게 되었다.

이제는 한옥 예배당도 'ㄱ'자형 교회도 좀처럼 찾아보기 힘들게 되었지만 아직도 섬이나 산골에 있는 교회를 가보면 남녀가 유별한 예배 광경을 볼 수가 있다. 남도의 테레사 수녀로 일컬어지는 순교자 문준경 전도사와 그 영향으로 전국 복음화율 1위 지역으로 변모한 전남 신안군에 있는 증도 신앙 공동체를 다룬 책 『천국의 섬, 증도』를 쓰기 위해 주말마다 증도를 방문하던 때의 일이다. 증도는 주민이 2천여 명에 달하는 작은 섬이다. 그런데도 섬 안에 예배당이 열한 개나 세워져 있다. 나는 틈나는 대로 이 열한 개 교회를 다 돌며 예배를 드렸다. 한데 어느 교회를 가든 왼쪽에는 남자들이 오른쪽에는 여자들이 홍해 갈라지듯 쫙 갈라져 앉아 예배를 드리는 것이었다. 의자가 네 줄로 놓인 예배당의 경우 왼쪽 한 줄은 남자들 지정석이었고, 나머지 오른쪽 세 줄은 여자들 지정석이었다. 어느 교회나 여자들이 압도적으로 많았다. 그래서 곰곰이 생각을 더듬어 보니 옛날 교회가 꼭 그랬다. 1960년대와 1970년대의 예배당 풍경은 비록 칸막이와 휘장은 없어졌지만 남자와 여자는 확실하게 나뉘어 앉았다. 중고등부 형이나 누나들이 다니던 학생회는 물론이고 어린이들이 다니던 주일학교도 남자반과 여자반이 구분되어 있었다. 그런 걸 보면 어느 시대나 새로운 신앙을 제대로 받아들이면서도 오래된 전통을 잘 살려 나가려는 진지한 성찰과 실천은 어려운 과제임에 틀림없지만 그래도 지금보다는 예전 어른들이 보다 더 지혜롭고 성숙했었던 것 같다.

밤낮없이 무릎 꿇고 눈물로 기도하던 여인들

프랑스 파리에 있는 루브르 박물관에 가면 수많은 예술품 가운데 무릎 꿇고 기도하는 사람을 표현한 작품을 많이 관람할 수 있다. '무릎 꿇고 기도하는 사제'라는 제목의 청동 조각은 BC 1295년에서 BC 1186년 사이에 고대 이집트에서 만들어진 유물이다. 두 손을 양 옆으로 한껏 벌린 채 무릎을 꿇고 뭔가를 간절히 기원하는 인간의 모습이 잘 묘사되어 있다. 스페인 화가 바르톨로메 에스테반 무리요(Bartolomé Esteban Murillo, 1617~1682)가 그린 '무릎 꿇고 기도하는 신부'라는 제목의 그림에는 사제복을 잘 갖춰 입은 남자가 무릎을 꿇은 채 오른손을 가슴에 대고 얼굴을 들어 애절하게 기도하는 장면이 생생히 담겨 있다. 스위스 출신 화가 레오폴드 로베르(Léopold Robert, 1794~1835)의 작품 '무릎 꿇고 기도하는 여자 종교인'에도 십자가에 매달린 예수 그리스도 형상 앞에서 공손히 무릎 꿇고 두 손을 한데 모아 기도에 몰입하고 있는 여인의 절실한 표정까지 세밀하게 그려져 있다.

흔히 서양 사람들은 침대에서 자고 의자에 앉아 밥을 먹는 등 모든 일상이 서거나 앉은 상태에서 하도록 되어 있어 무릎 꿇는 것과는 거리가 멀다고 알고 있다. 반면 우리나라 사람들은 온돌방에서 요를 깔고 누워 자며, 소반에 차려진 밥을 방바닥에 엉덩이를 붙이고 앉아 먹고, 앉은뱅이책상에서 공부하기 때문에 무릎 꿇는 일이 자연스럽다고 생각한다. 하지만 위의 작품들을 보면 꼭 그런 것 같지는 않다. 서양 사람들도 신 앞에서 기도할 때는 무릎을 꿇었다는 사실을 알 수 있다. 무릎을 꿇는다는 건 자기 자신을 최대한 낮추고 신 앞에 한없이 겸손한 모습으로 나아간다는 걸 의미한다. 뻣뻣하게 일어서서 혹은 편안하게 앉아서 기도하는 것은 어쩐지 절실하지도 겸허하지도 않은 매우 거만한 모습처럼 보인다. 구약 성경에 나오는 모세나 엘리야, 예레미야 등 선지자나 다윗, 솔로몬 등 왕들도 하나님께 기도할 때는 무릎을 꿇었으며, 신약 성경에서도 예수님이나 열두 제자들 역시 하나님께 기도할 때 무릎을 꿇었다. 무릎을 꿇는 것보다 더 자신을 낮추는 것은 완전히 땅에 엎드려져 부복하는 것이다. 내 모든 자아와 욕망과 고집을 온전히 내려놓는 것을 상징하는 자세라 할 수 있다.

옛날 예배당은 바닥이 모두 마루로 되어 있었다. 신발을 벗어 신발장에 놓고 예배당 뒤편에 쌓아둔 방석을 가져다가 자신이 앉고 싶은 자리에 가서 방석을 깔고 앉았다. 마루에 책상다리를 한 채 앉는 것은 너무도 자연스러워 하나도 불편하지 않았다. 우리나라 한옥의 생활 방식은 방 안이든 대청이든 평상이든, 소반이나 책상을 앞에 두든 그렇지 않든 간에 앉는 자세는 언제나 책상다리였기에 예배당 안에서도 그렇게 앉았던 것이다. 학교 바닥도 마루였다. 당시 방과 후 청소를 할 때 가장 중요하게 생각했던 건 마룻바닥 청소였다. 아이들은 저마다 입을 수 없게 된 헌옷을 잘라 귀퉁이를 바느질로 여민 자신만의 걸레를 하나씩 만들어 가지고 다니다가 마룻바닥을 청소할 때면 이를 꺼내 왁스를 칠해서 자기에게 맡겨진 구역을 열심히 문질렀다. 마룻바닥을 얼마나 반질반질하게 만들어 놓느냐 하는 건 그 반 아이들이 얼마나 청소를 열심히 했느냐를 판단할 수 있는 척도였다. 전교생이 책걸상을 뒤로 물리고 교실이나 복도 마룻바닥에 앉아 땀을 뻘뻘 흘려가며 걸레로 윤을 내는 모습은 그 시절 어느 학교에서나 볼 수 있었던 풍경이었다. 교회에서도 학교에서 만큼은 아니더라도 힘깨나 쓰는 학생이나 청년들은 예배당 마룻바닥을 청소하는 일에 심심찮게 동원되었다.

마룻바닥에 방석을 깔고 책상다리를 한 채 앉아서 예배를 드리다가 기도 시간이 되면 사람들은 대부분 자세를 바꿔 무릎을 꿇고 기도를 드렸다. 내가 기도를 하든 다른 사람이 기도를 하든 기도하는 시간에 무릎을 꿇지 않고 그냥 앉아 있는 건 왠지 불경스럽다는 생각에서였을 것이다. 확실히 무릎을 꿇으면 기도가 잘 되는 것 같았다. 그때는 기도를 왜 그렇게 길게 했는지 장로님이 주일 대예배 때 대표기도를 한 번 하면 15분에서 20분이 보통이었다. 한여름 선풍기도 없던 시절, 무릎 꿇고 20분가량을 기도하다 보면 땀이 흥건히 흘러내렸다. 어른들은 참 대단하다고 생각했다. 특히 어머니들은 말 그대로 기도의 용사들이었다. 새벽예배 때나 금요일 철야기도회 때 보면 아기를 포대기로 싸서 등에 업은 채로 무릎을 꿇고 몇 시간씩 울며불며 기도하는 어머니들이 많았다. 어린 마음에도 그런 어른들 틈에서 시끄럽게 떠들거나 뛰어다니는 것은 아무리 철이 없더라도 해서는 안 될 일처럼 여겨졌다.

그 무렵 교회 여전도회에 소속된 젊은 부인들은 주기적으로 방석 외피를 벗겨 빨래를 해야 했다. 수백 개에 달하는 방석 외피를 벗겨 빨고 다림질을 해서 다시 씌우는 일은 보통 고된 일이 아니었다. 하지만 엉덩이로 깔고 앉고 이리저리 발로 밟기도 한 방석을 제때 빨지 않으면 냄새가 나기 십상이었다. 처음에는 방석 안에 솜을 넣어 사용했으나 시간이 흐르면서 스펀지로 바뀌었고, 외피도 헝겊이었던 것이 나일론 등으로 바뀌었다. 예배위원들은 다른 사람들보다 좀 더 일찍 예배당에 가서 교인들이 오기 전에 마룻바닥에 줄을 맞춰 반듯하게 방석을 깔아 놓았다. 앞에서부터 방석이 깔린 순서대로 단정하게 앉는 것이 예배위원들을 돕는 일이었다. 발로 밟고 지나가 방석을 흩트려 놓거나 방석을 깔아두지도 않는 자리에 가서 앉는 것은 예배위원들의 눈살을 찌푸리게 하는 행동이었다. 예배나 모임이 끝나면 젊은 사람들은 방석을 모아다 예배당 뒤편에 가지런히 쌓아두었다. 아이들이 장난을 치다가 방석 탑을 건드려 마룻바닥에 좌르르 방석이 흩어지기라도 하면 단단히 야단을 맞아야 했다. 그러던 것이 1970년대로 접어들면서 마룻바닥에 방석을 깔고 앉는 예배당이 점점 사라지고 콘크리트 바닥에 의자를 놓고 앉는 예배당이 늘어났다. 1980년대로 들어서면 이런 현상이 완전히 정착되어 거의 모든 예배당에서 방석이 자취를 감추고 의자가 놓이게 되었다.

요즘 예배당에 놓인 의자는 정말 편하다. 앉는 자리도 푹신푹신하고 등을 기댈 수 있게 뒤에도 쿠션을 만들어 놓았다. 앞에는 성경책과 찬송가를 둘 수 있는 받침대가 마련되어 있고, 의자 뒤쪽에는 가방을 걸 수 있도록 작은 옷걸이도 달아 놓았다. 여러 사람이 앉는 장의자가 불편하니까 한 사람씩 앉을 수 있는 일인용 의자가 놓인 예배당도 많아졌다. 서울 강남에 새로 지은 대형 교회를 가면 예배당에 놓인 의자가 으리으리해서 앉기가 미안할 지경인 곳도 있다. 여름이면 시원한 에어컨이 겨울이면 따뜻한 히

터가 가동되니 사시사철 예배드리기에 전혀 불편함이 없다. 그런데도 나는 자꾸만 마룻바닥에 방석을 깔고 앉아 겨울이면 발이 시리고 여름이면 땀이 비 오듯 흐르던 옛날 예배당이 그립다. 무릎 꿇고 간절히 기도드리던, 그래서 교인들이 모두 돌아간 뒤 예배당 바닥에 눈물자국이 얼어붙어 있던 그 시절이 생각난다. 지금의 크리스천들은 예배당 안에서 무릎을 꿇을 수가 없다. 어딜 가든 안락한 의자가 놓여 있으니 무릎을 꿇는 건 성경책이나 찬송가에만 등장하는 문구일 뿐이다.

여러 가지 일로 전국 곳곳을 돌아다니는 나는 시간이 날 때면 일부러 큰길이나 읍내로부터 멀리 떨어진 외진 예배당을 찾아 둘러보곤 한다. 혹시라도 옛날 교회 모습이 남아 있는 곳이 있나 살피기 위해서이다. 하지만 마룻바닥에 방석을 깔고 예배를 드리는 교회는 발견할 수 없었다. 아마 이런 예배당은 이제 다 사라지지 않았나 싶다. 위대한 선지자 사무엘의 어머니 한나처럼, 감리교회의 창시자이자 종교개혁가였던 존 웨슬리의 어머니 수산나처럼, 일제에 맞서 조선 교회의 순결성을 지켜낸 순교자 주기철 목사의 아내 오정모 집사처럼 하나님의 사람들 곁에는 늘 밤낮없이 무릎 꿇고 눈물로 기도하던 여인들이 있었다. 그들의 눈물 어린 무릎 기도가 2천 년 교회의 역사가 되었고, 한국 교회의 발자취가 되었던 것이다.

신발장

검정 고무신을 벗고 처음 운동화를 신던 날

우리 가족은 내가 다섯 살쯤 되었을 무렵 서울로 이사를 했다. 농사로 생계를 꾸려 가기 막막하다고 판단한 아버지가 새로운 일거리를 찾아 가족들을 데리고 도시로 이주를 한 것이다. 국민학교를 입학하기 전이니까 아마 예닐곱 살가량 되었을 것이다. 서울에서 처음으로 찍은 흑백 사진에는 방금 세수하고 달려와 물에 젖은 앞머리를 가지런히 빗어 내린 채 두 손을 무릎에 대고 놀란 표정으로 카메라를 뚫어져라 바라보며 앉아 있는 내 모습이 담겨 있다. 여러 번 사진을 찍어본 경험이 있는 형은 노련한 자세로 내 옆에 앉아 있었다. 그 시절엔 사진사들이 동네마다 리어카 같은 걸 끌고 다니며 사람들 사진을 찍어주곤 했다. 리어카에는 근사한 배경이 그려진 나무판자와 의자 두어 개가 놓여 있었다. 어머니는 서울로 이사 온 기념으로 우리 형제가 등장하는 사진을 찍어주신 것이다. 내가 그때 신고 있던 신발은 검정 고무신이었다. 어린 사내아이가 신고 다니던 작고 귀여운 앙증맞은 신발이었다.

'지구표 고무신은 강철보다 견고함'

1916년 어느 신문에 실린 광고 문구이다. 19세기 평민들의 신발이었던 짚신을 밀어내고 20세기로 접어들면서 고무신은 서민들의 신발로 확고하게 자리 잡았다. 이후 1970년대 운동화와 구두가 그 자리를 대신할 때까지 50~60년 동안 보통 사람들은 대개 고무신을 신고 살았다. 그러니 어린 시절 사진 속에 처음 등장한 내 발에 검정 고무신이 신겨져 있는 건 당연한 일이었다. 운동화를 처음 신어본 건 학교를 들어가기 바로 전이었다. 발을 깨끗이 씻고 평소 잘 신지도 않던 양말을 챙겨 신은 다음 운동화에 발을 들여놓는 순간 나는 천사가 되어 하늘을 나는 것처럼 두 발이 가벼워짐을 느꼈다. 나를 위해 새로운 세상이 펼쳐진 듯했다. 아무리 먼 길을 걸어도 아무리 빨리 달려도 다리가 아프거나 지치지 않을 것 같았다. 감히 땅을 밟을 엄두가 나지 않아 다시 곱게 포장해서 머리맡에 두고 잔 기억이 난다.

운동화는 범표, 말표, 오리표, 기차표, 왕자표 등 여러 종류의 상품이 있었는데, 그중 가장 인기 있었던 건 범표와 말표 운동화였다. 범표 운동화 안쪽에는 무섭게 생긴 호랑이 얼굴이, 말표 운동화 안쪽에는 신나게 내달리는 말이 그려져 있었다. 당시 집에 텔레비전이 있는 아이들이 많지 않았지만 운 좋게 잘사는 친구 집엘 가거나 어른들께 용돈을 받아 만화방을 가면 텔레비전을 통해 흑백 만화 영화를 볼 수 있었다. '타이거 마스크', '황금박쥐', '우주 소년 아톰', '요괴인간' 등은 아이들에게 최고의 인기를 누리던 만화 영화였다. 아이들이 즐겨 신는 운동화에는 이런 만화 영화의 주인공들이 동심을 유혹하듯 그려져 있었다. 친구가 어느 날 마루치 운동화를 신고 와서 으스대고 가면 검정 고무신을 신고 있는 발이 한없이 초라해 보이면서 반짝반짝 빛나는 운동화가 신고 싶어 앓아누울 지경이 되었다. 오죽하면 1967년 봄 한 유력 일간지에는 '운동화'라는 제목의 다음과 같은 기사가 실리기도 했다.

> '2월 말부터 3월 중순경에 운동화의 인기는 절정에 달한다. 각 상인들도 이때를 기다려 1년간의 쓰라린 불경기를 참는다는 말이 나올 만큼 운동화 장사는 성시를 이루는 계절이기도 하다. …… 지금 시중에서는 남자용으로 흙색 운동화가 10문 이상짜리는 96원, 9문짜리는 88원씩 받고 있으며, 여자용 흙색은 9문 이상은 93원, 8문은 86원, 7문은 73원, 그리고 어린애용은 69원이다. …… 운동화의 대목은 봄철의 입학기와 가

을철의 소풍 때이다. 새 양복에 새 모자에 새 가방을 걸머진 어린 학생들에게는 새 운동화가 필요하다.'

지금은 신발 크기를 밀리미터로 자세하게 표시하지만 그때는 대략 문수(文數)로 표시했다. 1문은 약 2.4센티미터에 달했다. 발에 신발을 맞추는 게 아니라 신발에 발을 맞추던 시절이니 어지간한 건 대충 맞춰 신을 수 있었다. 꿈에도 그리던 범표 운동화를 사서 방 안에서만 신다가 드디어 운동화를 신은 채 주일예배를 드리러 가는 날이 되었다. 모든 아이들이 내 새 운동화를 보고 깜짝 놀라면서 부러운 눈길로 나를 쳐다보는 광경이 아른거렸다.

"조심해라. 벼르고 별러 새로 산 운동화니까."
"알았어. 걱정 말라니까."
"늦었다 빨리 가라. 뛰다가 넘어지지 말고."
"교회 갔다 오겠습니다!"

어른들 예배보다 어린이 예배는 더 이른 시간에 시작했기에 먼저 교회를 간 나는 평소처럼 운동화를 벗어 신발장에 두고 방석 있는 곳에 가서 앉아야 했다. 하지만 새로 산 운동화를 신발장에 그냥 두고 가는 게 꺼림칙했다. 가끔씩 신발이 없어지거나 뒤바뀌는 일이 벌어지곤 했기 때문이다. 요즘도 신발을 벗고 들어

가야 하는 큰 식당에 가면 신발장 앞에 잃어버려도 책임지지 않으니 주의하라거나 각자 비닐봉투에 넣어 가지고 들어가라는 문구가 쓰여 있는 걸 볼 수 있다. 그때나 지금이나 어디든 신발을 벗어두고 가는 공간에서는 있을 수 있는 일이었다. 나는 궁여지책으로 남들 눈에 잘 띄지 않는 맨 구석에 운동화를 몰래 숨겨두고 들어가 앉았다. 그러나 예배 시간과 분반 공부 시간 내내 신경은 온통 신발장에 가 있었다. 누가 훔쳐 가지나 않을까, 누가 바꿔 신고 가지나 않을까, 틈만 나면 신발장을 흘낏거렸다. 결국 운동화 자랑은 모든 순서가 끝난 다음 예배당을 나와서야 겨우 할 수 있었다. 그렇지만 이미 나는 진이 다 빠져 버렸기에 생각했던 것만큼 한껏 우쭐댈 수가 없었다.

어머니들은 모처럼 비싼 돈을 주고 산 귀한 운동화를 아이들이 잃어버리지나 않을까 염려한 나머지 신발 안쪽에 볼펜으로 큼지막하게 이름을 써놓거나 신발 색깔에 맞춰 잘 보이는 실로 수를 놓아 이름을 적어두는 경우가 적지 않았다. 예배가 끝나고 아이들과 어울려 냇가와 야산 등을 돌아다니며 미꾸라지와 가재를 잡거나 개암과 산딸기를 따먹고 놀다 보면 신발이 벗겨지거나 찢어지는 일도 있었다. 그러면 다들 난리가 났다. 잃어버린 신발을 찾기 위해 보물찾기를 하듯 냇가와 야산을 샅샅이 헤집고 다녀야 했다. 찾으면 다행이었지만 끝내 찾지 못했을 경우에는 그날 저녁 단단히 벌 받을 각오를 해야만 했다. 신발이 찢어졌다고 해서

버리는 일은 없었다. 고무신은 색깔에 맞는 실로 정교하게 꿰매면 한참을 더 신을 수 있었다. 운동화도 두께가 얇았기에 꿰매서 조심조심 신으면 그럭저럭 견딜 만했다.

운동화를 신발장에 벗어놓고 마룻바닥에 앉아 예배를 드리거나 분반 공부를 할 때마다 신발만큼이나 신경이 쓰인 것은 양말이었다. 검정 고무신을 신을 때는 맨발로 다니는 일이 많았지만 운동화를 신게 되면서부터는 꼬박꼬박 양말을 신고 다녔는데, 지금처럼 좋은 양말이 아니었기에 툭하면 구멍이 나곤 했다. 양말에 구멍이 나서 발가락이 삐져나오게 되면 여간 창피한 게 아니었다. 구멍 난 양말은 어머니가 헝겊을 대고 기워주셨지만 똑같은 천이 아니라서 표시가 날 수밖에 없었다. 여기저기 구멍이 나면 군데군데 기운 자국이 났기에 그런 양말을 신고 예배당에 가는 게 너무 싫었다. 겨울에는 어쩌면 그리도 추웠는지 양말을 두세 켤레씩 신어도 늘 발이 시렸다. 운동화나 양말의 품질이 지금과는 천지 차이였기 때문에 밖에서 썰매를 타고 눈싸움을 하며 하루 종일 놀다 보면 동상에 걸리는 일도 참 많았다.

성미 주머니와 항아리

쌀을 나누는 것은 내 살과 피를 나누는 것

어렸을 때 부엌 한쪽에는 자그마한 항아리 하나가 놓여 있었다. 쌀독도 아니고 장이나 반찬 등을 넣어둔 항아리도 아니었다. 어머니는 매번 새로 밥을 지을 때마다 먼저 쌀독에서 쌀 한 사발을 퍼서 그 항아리에 조심스레 붓고 난 뒤 본격적으로 식사 준비를 했다. 내가 목격한 것은 주로 아침밥을 짓기 전이었고, 가끔씩 저녁 무렵도 있었지만 어머니는 누가 보든지 보지 않든지 새로 밥을 지을 때는 마치 경건한 의식을 치르듯 이 일을 반복하셨다.

"엄마, 그 쌀은 뭐야? 왜 자꾸 항아리에 쌀을 부어?"

"응, 이건 성미라는 거야. 주일날 교회 가서 예물로 드릴 귀한 쌀이야."

"쌀로 헌금하는 거야?"

"그런 셈이지. 이 쌀을 가지고 목사님이나 전도사님이 생활하게 된단다."

"목사님 전도사님이 드시는 쌀이라고?"

"그래. 그러니까 절대로 성미는 건드리면 안 되는 거야. 잘 알았지?"

일주일 동안 성미 항아리에 차곡차곡 쌓인 쌀은 주일 아침이면 어머니 손에 의해 성미 주머니로 옮겨져 교회까지 운반되었다. 성미 주머니는 일정한 모양이나 형식이 없었다. 어머니들마다 자신의 취향과 솜씨대로 만들어 사용했다. 어머니는 하얀 무명천으로 사각형 모양의 주머니를 만들어 쓰셨는데, 입구는 끈으로 단단히 조일 수 있게끔 되어 있었다. 다른 집 성미 주머니와 바뀌면 안 됐기에 주머니 아래쪽에는 검정색 실로 어머니 구역과 성함이 또렷하게 쓰여 있었다. 주일이면 예배당 입구에는 주보를 나눠주는 예배위원과 함께 성미를 걷는 성미위원이 따로 있었다. 큼지막한 소쿠리나 함지박 같은 걸 준비해서 성미 주머니를 가지고 들어오는 여자 교인들로부터 이를 건네받아 확인하고 정리하는 일을 하는 봉사자들이었다. 성미라고 해서 꼭 흰쌀만 있는 건 아니었다. 각 가정의 형편에 따라 보리쌀이나 콩, 조, 수수 등 여러 곡물들이 섞여 있었다. 성미위원들은 이를 종류 별로 잘 분류

해서 담은 뒤 예배당 뒤편 게시판 아래 촘촘한 간격으로 박아둔 못 위에 성미 주머니를 구역 별로 걸어두었다. 예배를 마치면 어머니들은 들어갈 때 자신이 건넸던 성미 주머니를 찾아서 돌아갔다. 묵직했던 성미 주머니는 홀쭉하게 껍데기만 남은 채로 다시 주인 손에 들려졌다.

요즘도 외진 농어촌에 있는 작은 교회를 가면 담당 교역자 사례비조차 제대로 줄 수 없는 곳이 의외로 많다. 다들 도회지로 떠나고 남은 교인이 얼마 되지 않는 데다 거의가 경제력이 없는 노인들이라 오히려 목회자들이 이분들을 돕고 챙겨야 할 상황이지 이들로부터 이렇다 할 헌금을 기대하기는 어려운 까닭이다. 하지만 1960~1970년대에는 우리나라의 국민소득이 높지 않았기 때문에 어지간한 교회에서는 목사나 전도사의 끼니를 걱정해야 할

형편이었다. 특히나 농어촌 교회들은 현금으로 봉헌을 하는 사람들이 많지 않았다. 가을에 추수를 해서 곡물이나 과일을 내다 팔거나 가끔씩 소 돼지를 처분했을 때나 겨우 돈을 만질 수 있었다. 그나마 빚을 갚든가 도시로 유학 간 자식들 학비로 보내고 나면 남는 게 없었다. 따라서 거의 대부분 교회에서는 여전도회를 중심으로 성미를 걷어 이걸로 목회자들의 생계를 꾸려 나가도록 했다. 생각보다 성미가 많이 들어오면 남은 걸 팔아서 교회 운영비에 보태거나 생활이 몹시 어려운 가정을 방문해 예배를 드리고 나서 살며시 쌀독을 채워주기도 했다. 여러 모로 요긴하게 쓰이던 쌀이었기에 다들 넉넉지 않았던 시절이었음에도 불구하고 성미를 챙기는 것은 어머니들에게 있어 결코 빠뜨리거나 양보할 수 없는 중요한 일이었다.

예수 그리스도는 빌라도 총독에 의해 십자가에 매달려 죽음을 맞이하기 직전 동고동락했던 제자들과 함께 유월절을 기념하는 식사를 하면서 빵과 포도주를 나눠 함께 먹고 마셨다.

> "이것은 너희를 위하여 주는 내 몸이다. 이것을 행하여 나를 기억하여라."
> "이 잔은 너희를 위하여 흘리는 내 피로 세우는 새 언약이다."

최후의 만찬이라 불리는 이 자리에서 예수님은 제자들에게 빵과 포도주를 나눠주면서 그것이 내 몸이고 피라고 하셨다. 유월절은 모세가 이스라엘 백성들을 데리고 홍해를 건너 파라오의 압제로부터 벗어나 해방을 성취할 때 이집트 일대에 임한 하나님의 재앙으로부터 이스라엘 백성들을 구원해주신 은혜를 생각하고 감사하는 절기이다. 민족의 광복을 기념하는 즐거운 날이었지만 이스라엘 사람들은 하나님의 명령에 의해 거친 음식을 먹으며 역사 속에 현존하시는 하나님을 다시 한 번 기억하는 엄숙한 날이기도 했다. 과거의 해방을 상징하던 유월절은 예수 그리스도가 십자가에서 피 흘려 죽으신 뒤 부활하심으로써 미래의 구원으로 승화되었다. 자신의 죽음으로 구원의 역사를 완성하면서 예수님은 빵과 포도주를 자기 몸과 피라 칭하며 이를 먹고 마시는 가운데 나를 기념하라 명하신 것이다. 2천 년 교회 역사를 통해 시대와 교파를 초월해서 유일하게 유지되고 있는 전례는 세례와 성찬식일 정도로 예수 그리스도의 몸과 피를 상징하는 빵과 포도주를 나누는 일은 매우 중요한 의미를 갖는다.

하나님은 우리에게 먹을 것을 주어 생명을 유지할 수 있도록 만들어주신 분이다. 시편 23편에 나오는 다윗의 고백처럼 하나님은 나를 죽이려고 눈이 벌겋게 된 원수가 빤히 쳐다보고 있는 데도 나를 살리기 위해 손수 따뜻한 밥상을 차려주시는 분이다. 구운 양 고기와 누룩을 넣지 않고 만든 빵과 쓴 나물 등을 나눠 먹으며 하나님의 해방을 상기했던 것처럼, 거친 빵과 포도주를 나눠 먹으며 예수님의 구원을 소망했던 것처럼, 그리스도인들에게 한 상에 둘러 앉아 소박한 밥을 나눠 먹는 것은 주님의 살과 피를 나누는 즉, 생명을 서로 나누는 거룩한 의식과도 같은 것이다. 신약 성경에 나오는 초대교회에서는 모든 그리스도인들이 서로 물건이나 재산을 공유하고 먹을 것을 나누었다. 교회 공동체는 생명 공동체이며, 내 입으로 들어갈 음식을 상대방에게 양보하고, 내 가족들을 먹일 쌀을 다른 가족들을 위해 내어놓는 게 상식처럼 이루어지는 관계 공동체이다. 적어도 성경에 나오는 초대교회가 그랬고, 우리 조상들이 이 땅 위에 세웠던 처음 교회가 그랬다. 한국 교회의 이런 전통과 문화는 우리나라 사람들이 다시는 돌아가고 싶지 않다고 여기는, 가난과 무지가 철철 흘러넘치던 1960년대까지만 해도 희미하게나마 남아 있었다. 생명 같은 쌀을 나누는, 내 식구들 입으로 들어갈 밥이 없는 데도 다른 이들을 위해 기꺼이 쌀을 떼어놓는, 성미는 바로 그런 의미였다.

그때는 교회가 가난한 이들을 구제하는 일에 은밀히 앞장섰다. 사면초가에 빠진 어려운 교인들에게 헌금으로 들어온 돈 중 얼마를 꿔주기도 하고, 성미 일부를 떼어 주린 가족을 위해 밥상을 차릴 수 있도록 도왔다. 가난이 일시에 해결되는 문제가 아니었기에 되돌려 받지 못하는 경우가 많았지만 생명을 나누는 일에 계산이 앞설 수는 없는 것이었다. 1970년대 이후 경제 발전이 속도를 내면서 모든 게 돈으로 해결되는 세상이 되었다. 그러는 사이 교회 안에서 성미 항아리와 주머니는 슬그머니 자취를 감추고 말았다. 이제는 어느 교회를 가도 성미 항아리나 주머니를 찾아보기 어려워졌다. 교인들 간에 물건이나 재산을 공유하는 건 금기시된 지 오래다. 돈은 생명이 아니다. 쌀이 하던 일을 돈이 대신하면서, 먹고사는 건 이전보다 훨씬 풍족해졌지만, 마음속에 남아 있는 허기는 갈수록 심해지는 것만 같다.

―――― 산 기도

소나무 몇 그루는 뽑아야
기도 좀 한다는 말을 듣던 시절

어린 시절엔 누구나 그렇듯 학교 갔다 집에 오면 어머니가 맛있는 간식이나 정겨운 밥상을 준비해 놓고 공부하느라 수고한 귀한 아들을 반겨 맞아줄 것을 기대한다. 그래서 집에 가까울수록 발걸음이 빨라지게 마련이다. 그런데 나는 종종 집으로 뛰어 들어와 방문을 열어 보면 고대하던 어머니는 보이지 않고 상보가 씌워진 밥상만 가운데 덩그러니 놓여 있는 때가 많았다. 으레 밥상보 위에는 어머니의 손 글씨가 도드라지는 작은 쪽지가 보였다.

'엄마 산에 기도하러 갔다 올 테니 씻고 밥 먹고 나서 공부하고 있어라.'

어머니는 산에 기도하러 자주 가셨다. 매일 새벽에 예배당에 가서 기도하고, 주일예배 수요예배 구역예배에 금요일마다 철야 기도회까지 가면서 뭐 기도할 게 그리 많은지 틈나는 대로 산 기도를 다니신 것이다. 서울 근교에 있는 산은 물론 경기도 일대와 고향인 충청도 부근에 있는 산까지 혼자 혹은 몇몇 집사님들과 짝을 이뤄 기도를 하러 다니셨다. 아침에 갔다 저녁때 오는 경우도 있었지만 며칠씩 걸릴 때도 있었다. 식구들 밥상 차리는 거야 누나들이 하면 되니까 큰 지장은 없었으나 어머니가 계시지 않는 집은 마냥 허전하기만 했다.

"엄마, 편지 왔어."
"무슨 편지인가? 아…… 지난번 산 기도 갔을 때 찍은 사진이구나. 잘 나왔네."
"와, 이게 엄마가 산에 가서 기도하는 사진이야?"
"그래, 멋지지? 기념으로 한 장 찍은 거야."

어느 날 집으로 편지 한 통이 배달되었는데, 그 안에는 산에서 기도하는 어머니 모습이 담겨 있었다. 한적한 산자락 넓적한 바위 위에서 무릎 꿇고 두 손을 하늘로 치켜든 채 기도에 열중하고 있는 어머니의 뒷모습이었다. 앞에는 산 정상이 보이고 그 위로는 푸른 하늘이 드높았다. 그때는 신앙생활 좀 한다는 사람들,

기도 깨나 한다는 사람들은 주기적으로 기도하러 산을 찾곤 했다. 산 기도와 금식 기도는 신앙생활의 수준을 가늠케 하는 척도 비슷한 것으로 여겨지기도 했다. 그래서인지 크리스천들이 기도하러 자주 찾는 산에는 기념사진을 찍어주는 사진사들이 있었다. 누가 찍어달라고 한 것도 아닌데 여기저기 돌아다니다가 기도하는 사람이 있으면 뒤에서 근사한 장면을 연출해서 사진을 찍고는 나중에 흥정을 한 뒤 집으로 사진을 보내주었다. 당시는 그저 무심코 봐 넘긴 사진이었지만 지금은 어머니 젊은 시절에 열심히 이 산 저 산 기도하러 다니던 때를 기억나게 해주는 유일한 증거가 되었다.

동서고금을 막론하고 사람들은 하늘과 조금이라도 더 가까운 높은 산에 신이 있을 가능성이 많다고 여겼던 것 같다. 어느 시대 어느 지역 어느 종교든지 거룩한 신상이나 기도 혹은 예배 처소는 대부분 산속에 만들어져 있다. 우리나라 사찰 대다수도 산에 터를 잡고 있다. 국토의 70퍼센트 이상이 산이지만 어느 산을 가든 절 한 채 없는 산이 드물 정도이다. 요즘은 주거지나 도시 안에도 새로운 절이 많이 지어지고 있지만 문화재급 고찰이나 고승들이 수행하는 주요 사찰은 거의 다 깊은 산속에 자리하고 있다. 유럽의 기독교 문명국들을 가 봐도 역시 마찬가지로 오랜 역사를 가진 수도원들은 주로 산속에 세워져 있다. 초대교회 이래 많은 수도자들은 박해를 피해 또는 속세의 어지러움을 피해 산 위로 올라가 수도원을 짓고 수도에 전념하며 성경을 연구하고 기도에 몰입하였다. 소음과 공해로 가득한 도심보다는 고요와 침묵이 넘치는 산속이 기도와 수행에 더 적합하다는 건 누구나 인정하는 일이다.

산 기도하면 제일 먼저 생각나는 인물은 모세이다. 모세는 주로 산 위에서 하나님과 직면하였고 대화를 나누었으며 계명을 받았다. 그중 대표적인 곳은 시내 산이다. 모세는 고령의 나이였음에도 시내 산을 무려 여덟 차례나 올랐던 것으로 기록되어 있다. 하나님은 이스라엘 백성들에게 새로운 메시지를 전할 때마다 모세를 시내 산 위로 올라오도록 부르셨다. 모세는 산 위에서 하나님으로부터 받은 메시지를 산 아래로 내려와 이스라엘 백성들에게 전달했다. 지도자로서 모세가 가진 권위는 홀로 산꼭대기에 올라 하나님과 대면하며 그분의 말씀을 듣는 유일한 존재라는 데 있었다. 출애굽기 24장에는 모세가 시내 산에 올라 하나님으로부터 십계명을 받고 이를 하나님이 직접 돌에 문자로 새긴 돌판을 받는 장면이 나온다.

'모세가 산에 오르매 구름이 산을 가리며 여호와의 영광이 시내 산 위에 머무르고 구름이 엿새 동안 산을 가리더니 일곱째 날에 여호와께서 구름 가운데서 모세를 부르시니라. 산 위의 여호와의 영광이 이스라엘 자손의 눈에 맹렬한 불 같이 보였고 모세는 구름 속으로 들어가서 산 위에 올랐으며 모세가 사십 일 사십 야를 산에 있으니라(15절~18절, 개역개정).'

구약 성경에 나오는 또 하나의 유명한 산은 갈멜 산이다. 아합왕은 하나님을 섬기지 않고 우상을 숭배한 패역한 군주였다. 선지자 엘리야는 아합에게 앞으로 수 년 동안 비가 내리지 않아 기근이 들 것을 예언했다. 3년 후 엘리야는 아합에게 나아가 바알의 선지자 450명과 아세라의 선지자 400명을 갈멜 산으로 모이게 한 뒤 송아지 한 마리씩을 나무 위에 놓고 각자의 신에게 기도하여 불이 내려 송아지를 사른 쪽이 하나님임을 증명하자고 제안한다. 거짓 선지자들은 하루 종일 바알의 이름을 불렀으나 불은 내리지 않고 조용하였다. 이에 엘리야가 단 위에 물까지 부은 다음 하나님께 기도를 드리자 하늘에서 불이 떨어져 번제물과 나무와 흙까지 전부 태워버렸다. 그러자 백성들이 모두 엎드려 여호와는 하나님이시로다 하고 외쳤다. 엘리야가 바알을 외친 선지자들을 남김없이 죽이고 나서 산꼭대기로 올라가 땅에 꿇어 엎드려 얼굴을 무릎 사이에 넣고 기도한 결과 마침내 하늘에서 큰 비가 내리게 되었다.

해마다 봄이 되면 산과 들에 지천으로 피어나는 진달래꽃. '사랑의 기쁨'이라는 꽃말을 가진 진달래는 한국인들에게 단연 사랑받는 꽃이다. "나 보기가 역겨워 가실 때에는 말없이 고이 보내드리오리다." 어지간한 사람치고 김소월의 시 한 소절 외지 못할 사람은 없을 것이다. 가냘픈 연분홍빛 꽃잎의 자태는 모진 세월을 견뎌 온 우리 민족의 정서에도 부합한다.

지금껏 내가 본 진달래꽃 중에서 제일 감동적이었던 건 경남 창원에 있는 무학산 진달래다. 무학산은 학이 날개를 펼치고 날아가는 모습 같다 해서 붙여진 이름이다. 서원곡 입구에서 학봉까지 오른 뒤 정상 방향으로 조금 내려오다 보면 언덕 아래 가운데가 십자 모양으로 갈라진 바위가 나타난다. 주기철 목사가 마산 문창교회에서 목회할 때 자주 올라 기도하던 곳이다. 그는 사시사철 새벽예배가 끝나면 홀로 산에 올라 이 십자바위에 무릎을 꿇고 식민지에 처한 조국과 백척간두에 선 교회를 위해 기도했다. 바위 주변에는 황홀해서 눈물이 날 만큼 아름다운 진달래 군락이 형성되어 있다. 밑동이나 가지가 여느 진달래와는 비교가 되지 않는 데다 꽃잎 또한 새빨간 핏빛에 가까웠다. 주기철 목사는 목회지를 옮길 때마다 가까운 산에 기도처를 정해놓고 산 기도에 힘썼다. 부산 초량교회 시절에는 구덕산에, 평양 산정현교회 시절에는 묘향산에 올라 금식하고 철야하며 부르짖었다.

제2의 무디로 불리며 우리나라를 대표하는 부흥사였던 이성봉 목사 역시 산 기도의 용사였다. 1931년 목포교회에 부임한 이

성봉 전도사는 매일 새벽마다 목포의 상징인 유달산에 올라 목포 앞바다가 내려다보이는 넓은 바위에 엎드려 바위를 두드리고 찬송을 부르면서 통성기도를 했다고 한다. 1년 뒤 새 예배당을 지을 때 사용된 돌이 바로 이성봉 전도사가 매일 새벽 기도하던 유달산 바위였다는 것이다.

산에 올라 바위에 무릎 꿇고 기도하던 모습과 더불어 소나무를 양손으로 부여잡고 야곱이 천사와 씨름하듯 맹렬하게 기도하던 광경도 산 기도를 상징하는 장면 중 하나였다. 그래서 기도 많이 하던 어른들이 만나면 산 기도하러 가서 소나무 몇 그루나 뽑았냐는 말을 농담 반 진담 반 건네기도 했다. 고난과 시련이 참으로 많았던 시절, 그만큼 기도할 문제들도 산더미 같았다. 금식하고 철야하며 눈물로 부르짖어야 할 기도가 너무 많아 조용히 집이나 예배당에만 머물 수 없었던 어머니들은 그렇게 산을 찾아 끝없이 오르고 또 올랐던 것이다.

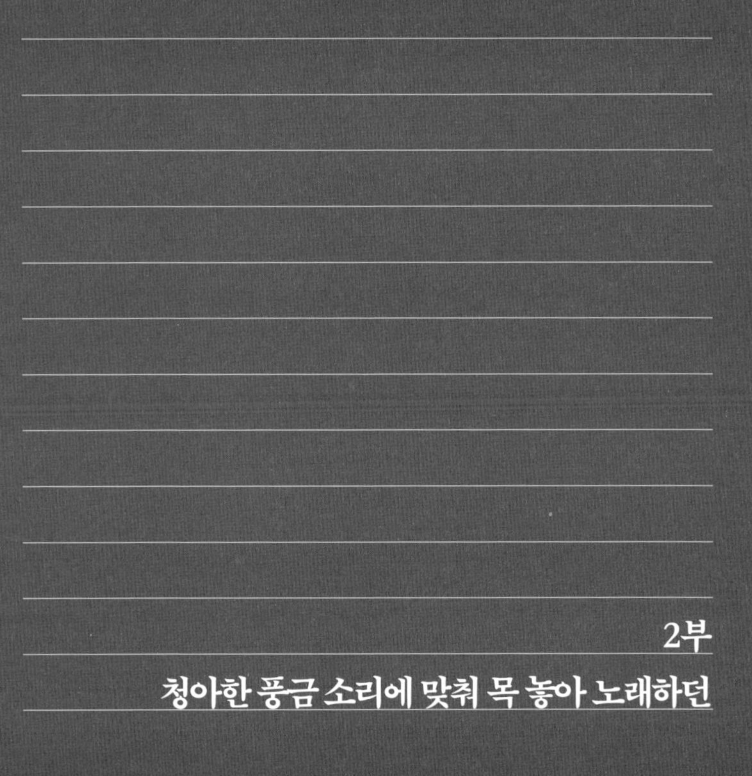

2부

청아한 풍금 소리에 맞춰 목 놓아 노래하던

"예배 시간에 가장 즐겨 불렀던 찬송가는 '나의 사랑하는 책'이라는 곡이었다. 풍금으로 이 찬송가의 전주가 나오면 나는 늘 가슴이 벅차올랐다. 무엇 때문인지 모르지만 이 찬송가에는 잊을 수 없는 내 유년의 추억이나 정서가 짙게 배어 있는 것 같았다. 다니엘과 다윗, 엘리야와 예수님의 이야기 그리고 성경책을 읽으며 눈물 흘리시던 어머니의 모습 등이 차례로 연상되는 가사가 어린 마음에도 처연했던 것이다. 지금은 이 노래가 더욱 애절해져서 눈물 없이 4절까지 이어 부르기가 어렵다. 이 찬송가는 피아노나 파이프오르간 연주에 맞춰 부르면 맛이 나질 않는다. 마룻바닥에 앉아 풍금 소리에 맞춰 불러야 제맛이 나는 찬송이다."

목사님 심방 오시는 날을 그토록 손꼽아 기다렸던 이유

아버지는 일찍 일하러 나가셨다. 매일 새벽 조용히 일어나 어머니가 차려주신 아침밥을 드신 후 5시쯤이면 집을 나섰던 것 같다. 나는 그 시간이 되면 졸린 눈을 비비고 일어나 아버지가 밖으로 나가실 때 따라가 쭈뼛거리면서도 애처로운 눈빛으로 이렇게 말하곤 했다.

"아버지…… 저, 10원만 주세요."

"10원? 뭐하려고?"

"이따 학교 다녀오는 길에…… 뭐 좀 사먹으려고요……."

"…… 자, 10원 여기 있다. 엄마 말 잘 들어라."

"네, 감사합니다. 안녕히 다녀오십시오!"

아버지가 지갑에서 10원짜리 지폐를 꺼내 건네주시는 날은 반색을 하며 큰소리로 인사를 했다. 하지만 그런 날만 있는 건 아니었다. 없다고 냉정하게 말하고 그냥 가시는 날도 있었고, 아무런 대답도 하지 않고 말없이 그냥 가시는 날도 있었다. 그럴 때면 나는 인사도 거른 채 터벅터벅 걸어가시는 아버지를 한동안 원망 어린 눈길로 쳐다보다가 다시 이불 속으로 들어와 시름을 달랬다. 시골에서 농사만 짓다 서울로 올라와 별다른 기술이나 인맥도 없이 밤낮으로 일하며 가족들을 부양해야 했던 아버지의 고단한 삶의 무게를 그때는 알 수가 없었다. 나에겐 그저 아침에 아버지로부터 10원을 받은 날과 그렇지 않은 날로 하루 운세가 결정될 뿐이었다. 주머니에 10원을 넣고 학교를 가는 날은 발걸음도 가볍고 어깨에도 힘이 잔뜩 들어가 있었지만 그렇지 않은 날은 막걸리 마신 강아지처럼 힘없이 축 늘어져 있었다.

먹을 게 별로 없던 시절, 식욕이 한창이던 우리는 수업만 끝나면 평원을 누비는 하이에나 같이 이리저리 먹을 것을 찾아 헤매고 다녔다. 논이나 들에서 메뚜기를 잡아 구워 먹기도 하고, 풀밭을 헤집고 다니며 개구리를 잡아 뒷다리를 꼬치구이로 만들어 먹기도 했다. 산에 저절로 열리는 산딸기나 개암, 밤 등은 열리기가 무섭게 남아나질 않았다. 그러나 이 모든 것들을 제압하는 것은 방과 후 학교 앞에 진을 치고 있던 장사치들이 가져온 온갖 주전부리들이었다. 그것은 가히 신세계였다. 더운 여름 가장 인기 있었던 건 역시 아이스케키였다. 분말주스를 물에 타서 얼려 파는 것으로 별다른 맛이나 영양가가 있을 리 만무했지만 알록달록한 색깔에다 시원했기 때문에 그것만 보면 먹고 싶어 안달이었다. 10원을 내면 3개를 주었으니 입 안이 얼얼할 정도로 먹을 수 있었다. 얼음을 갈아서 그릇에 담은 뒤 이런저런 색깔의 물감 같은 색소를 넣고 그 위에 설탕을 뿌려주는 빙수도 있었다. 요즘의 팥빙수와는 비교할 수 없는 불량식품이었음에도 없어서 못 먹을 뿐 그런 걸 따질 계제가 아니었다.

겨울에는 리어카를 끌고 다니며 구수한 냄새를 풍기던 풀빵장수 아저씨와 연탄불에서 국자에 든 설탕을 녹이다가 소다를 넣고 부풀어 오르면 사과궤짝 철판 위에 쏟아내 갖가지 모양을 만들어 내는 뽑기 아저씨가 인기가 있었다. 어머니가 산에 기도하러 가시거나 해서 부엌을 자유롭게 드나들 수 있는 날이면 몰래 설탕을 조금 꺼내 신문지에 싸가지고 다니다가 틈틈이 혀로 설탕을 찍어 먹었다. 뭐든지 달면 좋았던 때라 그 맛이 기가 막혔다. 그렇지만 뽑기를 해먹을 수는 없었다. 국자와 연탄불 같은 도구가 필요했고 절차도 복잡했다. 10원만 있으면 뽑기를 여러 개 먹을 수 있었고 가끔은 달고나도 먹을 수 있었다. 뽑기가 아저씨가 미리 만들어둔 모양대로 뽑아 가면 하나를 더 먹을 수 있는 짜릿함이 있었다면 달고나는 푸짐하게 달콤함을 즐길 수 있는 여유로움이 있었다. 코끝을 지나 가슴속 깊은 곳까지 밀려드는 번데기와 소라의 짭짤하면서 비릿한 냄새도 아이들의 발길을 자꾸만 멈추게 했다.

그런데 아침마다 아버지에게서 타내는 10원도, 하굣길 오감을 자극하며 늘 나를 시험에 빠지게 했던 현란한 군것질거리도 모두 필요 없는 날이 있었다. 목사님이 우리 집에 심방을 오시는 날이었다. 지금은 목회자들이 교인들 집에 심방을 가는 일이 어쩐지 어렵고 거북한 일이 되었고, 교인들도 어지간해서는 목회자들이 집으로 심방 오는 일을 부담스러워하는 분위기가 되었지만 그 시절엔 목사님 전도사님 장로님들이 오다가다 별일 없어도 교인들 집에 한 번씩 들러서 이야기도 나누다 가고 기도도 해주고 가고 그랬다. 봄가을에는 정식으로 목사님 일행이 모든 교인들 가정을 순서대로 다 방문해서 예배를 드리는 기간이 있었다. 그리고 어느 집에 입시생이 있다거나 몸이 아프다거나 장사가 어렵다거나 특별히 기도해야 할 일이 생겼을 경우에는 언제든지 목회자들이 심방을 다녔다. 그중에서도 우리 집에는 유난히 목사님이 자주 심방을 오셨던 것 같다. 어머니가 교회 일에도 무척 열심인 데다 기도도 많이 하시는 분이었고 집에 심방 오는 걸 좋아했기 때문에 자꾸만 초대를 하신 것 같았다.

집에 심방이 있는 날이면 어머니는 아침부터 분주했다. 집 안 구석구석을 깨끗하게 청소하고, 평소 아끼느라 쓰지도 않던 방석이며 그릇 등을 아낌없이 꺼내 놓으셨다. 행여나 집에 있으면 떠들거나 어지르지 않을까 싶어 어머니는 모처럼 용돈을 주며 나가서 놀다 와도 좋다고 하셨지만 나는 그럴 때마다 고개를 절레절레 흔들었다. 절대 떠들지 않고 어지르지도 않을 테니 그리고 얌전하게 같이 앉아 예배를 드릴 테니 집에 그냥 있겠다고 했다. 형은 어머니가 주시는 돈을 받아 밖으로 나가 놀기 바빴지만 나는 그 어느 때보다 조신한 자세로 심방 오시는 목사님 일행을 맞았고 깍듯하게 인사한 뒤 그분들이 돌아가실 때까지 얌전한 태도를 유지하고 있었다. 이 모든 건 예배가 끝난 뒤 어머니가 부엌에서 내오시는 다과상 때문이었다. 어머니는 목사님이 심방을 오실 때면 평소 내가 먹어 보지 못했던 귀한 음식들을 한 상 가득 내오셨다. 돈도 없을 텐데 어디서 구했는지 신기할 따름이었다. 수박, 딸기, 참외, 귤 같은 과일에다 인절미, 시루떡, 찹쌀떡 같은 떡에다가 구멍가게에서 파는 싸구려 과자가 아닌 제과점에서나 볼 수 있는 고급스런 과자에다 사이다나 주스 같은 마실 것까지 곁들여졌다. 10원짜리 한 장 가지고는 도저히 맛볼 수 없는 산해진미라고 할 수 있었다.

"어이쿠, 뭘 이렇게 많이 차리셨어요?"

"변변치 않습니다. 차린 건 없지만 많이들 드십시오."

"잘 먹겠습니다. 자, 이리 와서 너도 먹어라."

"저 아까 많이 먹었습니다. 목사님 잡수십시오."

내 눈에는 화려한 상이었지만 어머니는 언제나 차린 게 없다고 말씀하셨다. 목사님은 내게 이것저것을 주면서 먹으라고 권하셨지만 나는 상을 차리기 전에 어머니가 주셔서 많이 먹었다고 사양하면서 눈치껏 조금씩만 먹었다. 어차피 가시고 나면 다 내 차지가 될 터인데 미리 어머니 눈 밖에 날 필요가 없었다. 어른들은 이런 내 마음을 알았는지 조금 드신 후에 곧바로 자리에서 일어나셨다. 어머니는 아쉬워하셨지만 나는 속으로 쾌재를 불렀다. 나는 다음에 또 오시라는 인사를 하며 너스레까지 떨었다. 심방이 끝나고 난 뒤 남은 다과상은 내 독상이었다. 아버지와 형 누나들 몫은 어머니가 미리 담겨두었기 때문이다. 어머니가 심방 때마다 상을 차리기 위해 평소 얼마나 돈을 아껴 쓰셨을지 그때는 짐작할 수 없었다. 나는 다만 심방의 수혜를 혼자 누리면서 다음 심방이 언제인지만을 손꼽아 기다릴 뿐이었다.

전도 왕이 되기 위한 필사적인 노력

2013년 기독교윤리실천운동에서 실시한 '한국 교회의 사회적 신뢰도 여론조사' 결과를 보면 우리나라 국민들이 '가장 신뢰하는 종교'는 천주교, 불교, 개신교 순이었다. 1980년대 이후 사회 전반에 걸쳐 민주화가 진행되면서 권력과 대립하며 가난한 서민들과 눈높이를 맞춰 온 가톨릭교회와 권력에 순응하며 대형화와 세속화의 길을 걸어 온 개신교회는 30~40여 년이 지난 오늘날 국민들로부터 이토록 극명하게 다른 평가를 받기에 이른 것이다. 이에 따라 종교가 없던 사람이나 개신교인 중에 가톨릭 신자로 이동하는 인구가 많아져 신뢰도뿐 아니라 신자들 수에 있어서도 머지않아 가톨릭교회가 개신교회를 추월하게 될 거라는 예측이 설득력을 얻고 있다. 전철이나 길거리 등에서 팸플릿을 나눠주며 전도를 하다 보면 이에 대한 시민들의 반응이 1960~1970년대와 달리 싸늘하고 냉담한 것을 피부로 느낄 수가 있다.

하지만 이 땅에 처음 세워진 개신교회의 모습이나 이에 대한 백성들의 평가는 그렇지 않았다. 제중원과 시병원 등 근대화된 병원을 세워 수많은 병자들을 치료하고 돌본 것도, 이화학당과 배재학당 등 최신식 학교를 설립해 무지한 민중들의 의식을 일깨운 것도, 성경책과 찬송가의 번역과 보급을 통해 한글을 이 땅의 문자로 완전히 정착시킨 것도 초기 개신교회가 이 땅에서 행한 일들이었다. 그 결과 일제강점기에 일어난 최초의 거국적 비폭력 저항 운동이었던 1919년 3·1운동 당시 독립선언서에 서명한 민족대표 33인 중 개신교 대표가 무려 16명에 달했다. 천도교 대표는 15명이었고, 불교 대표는 2명이었으며, 개신교보다 100년이나 먼저 선교의 씨앗을 뿌린 천주교 대표는 단 한 사람도 없었다. 서양에서 온 외래 종교로 불과 35년밖에 되지 않은 개신교가 민중 속에 확고하게 뿌리 내린 천도교와 수천 년 역사를 가진 불교를 넘어 민족을 대표하는 종교로 자리하게 된 것이다. "나라를 구하려면 예수를 믿어야 한다." "기독교는 나라를 구하는 종교다." 이런 말은 상식에 가까웠다.

이 같은 분위기는 1960~1970년대까지만 해도 어느 정도 유지되고 있었다. 그래서 거리에 나가 북이나 장구를 치면서 찬송가를 부르며 전도를 하거나 성경 말씀이 인쇄된 팸플릿을 나눠주며 전도를 할 때도 사람들이 속속 모여들면서 관심을 보이곤 했다. 특히 아이들은 아무리 완고한 유교나 불교 집안에서 자라고 있다 해도 부활절이나 성탄절만 되면 또래들과 어울려 예배당에 가서 달걀이나 빵을 얻어먹었고, 여름성경학교 때는 만화방이나 텔레비전 앞을 벗어나 교회에 가서 신나게 박수를 치고 율동을 하면서 놀았다. 참여연대 창립대표와 한국 월드비전 회장을 지냈던 오재식 선생은 생전에 남긴 『나에게 꽃으로 다가오는 현장』이라는 책에서 막 해방되었을 즈음 자신이 다니던 평양 산정현교회에서 선생님들이 가르쳐준 대로 길거리에 나가 지나는 사람들을 붙잡고 전도하던 일을 이렇게 회고한 바 있다.

> '…… 또한 주일에는 밖에 나가서 한 사람이라도 전도하여 교회에 데리고 오도록 했다. 나도 산정현교회에 있는 2년 동안 노방전도를 여러 차례 한 기억이 있다. "아저씨, 아저씨", "왜 그래?", "저하고 교회 가셔요", "내가 바쁘다", "아뇨. 갔다가 가셔야 해요" 이를테면 이런 식이었다.'

주일학교를 다니던 무렵 예배당에 가면 성미 주머니를 걸어두던 곳 위쪽 게시판에 전도 현황표라는 게 붙어 있었다. 구역 별, 개인 별로 올해 몇 명이나 전도했는지를 한눈에 알아볼 수 있게 만들어놓은 표였다. 여러 가지 색깔로 막대그래프를 그려서 성적을 표시했는데, 가장 전도를 많이 한 구역이나 개인 이름 위에는 빨간색 그래프가 제일 높게 그려져 있었다. 가장 높게 올라간 그래프의 빨간색은 마치 다이아몬드처럼 반짝반짝 빛났다. 이번 달에는 어느 구역 아무개 집사가 전도 왕이라는 소식은 삽시간에 교인들에게 전파되었다. 주일 낮 예배 때나 저녁예배 때 한 달에 한 번씩 전도 왕 시상식을 했는데, 상을 받는 구역장이나 집사님 권사님은 미스코리아로 뽑힌 것처럼 기뻐서 어쩔 줄 몰라 했다. 교인들은 전도 왕에 뽑혀 상을 받는 사람들을 부러운 눈길로 쳐다보며 다음 달에는 반드시 내가 저 상을 타고야 말리라는 결의를 다지는 듯했다. 하지만 상을 받는 사람들은 대개 정해져 있었다. 아무나 마음만 먹는다고 전도 왕이 되는 게 아니었다. 여러 차례 전도 왕에 뽑힌 집사님이나 권사님은 주일 저녁이나 수요일 저녁예배 때 당당하게 강단에 올라 간증을 하곤 했다.

주일학교에서도 전도 현황표를 그려서 붙여두었다. 이것만 들여다보면 몇 학년 누가 전도를 몇 명이나 했는지 확연히 알 수 있었다. 경쟁심이 강한 아이들은 저마다 전도 왕이 되기 위한 묘책을 짜내 실행에 옮겼다. 내 기억으로 나는 한 번도 전도 왕에 뽑힌 적이 없었던 것 같다. 그렇지만 꼴등을 하기는 싫었다. 빨간색 막대그래프가 제일 높이 올라간 아이도 주목의 대상이었지만 빨간색이라고는 단 1밀리미터도 표시되지 않은 아이도 눈에 띄기는 마찬가지였다. 명색이 엄마 뱃속에서부터 교회를 다녔다는 녀석이 주변머리 없이 한 달 내내 전도 한 명도 하지 못했다는 손가락질을 받기는 싫었다. 이럴 때를 위해 비상금 몇 십 원 정도는 가지고 있어야 했다. 나는 먼저 반 아이들 중에서 아직 교회에 다니지 않는 아이들을 추려냈다. 그런 다음 내 말을 잘 들어줄 만한 아이들을 다시 선별했다. 하굣길에 같은 방향으로 가는 아이면 금상첨화였다. 주머니 속 비상금을 확인한 나는 친구를 불러 세웠다.

"야, 배도 출출한데 우리 떡볶이 한 그릇 먹고 가자. 오늘은 내가 살게."

"정말? 웬일이냐? 오늘 너 생일이냐?"

"아냐. 꼭 무슨 날이어야만 먹니? 할 말도 좀 있고……."

"어쨌든 산다니까 먹어주마. 좋다, 가자."

나는 떡볶이를 사주면서 비위를 거스르지 않기 위해 무진 애를 쓰며 친구 녀석에게 다음 주일 같이 교회에 가자고 설득을 했다. 어른들처럼 성경 말씀을 인용하면서 우리가 왜 예수를 믿어야 하는지를 신앙적으로 설명하기는 어려웠기에 대부분 친분과 의리에 의존해서 전도를 하는 방식이었다. 처음부터 안 된다거나 절대 예배당에 가지 않을 거라고 말했다면 어묵이나 쫀드기, 라면땅 등을 더 사주는 일은 없었을 텐데 꼭 갈 것처럼 관심을 보이며 다른 걸 더 먹으려 했기에 주머니를 다 털어서라도 사주지 않을 도리가 없었다. 그런데 친구 놈은 그걸 다 얻어먹고 난 다음 맨 나중에서야 이런저런 핑계를 대면서 교회에 갈 수 없다고 말했다. 나는 주먹을 한 대 날려주고 싶은 마음이 간절했지만 전도를 하면서 주먹을 쓸 수는 없는 데다 다음에 또 언제 마음이 변할지 모르니 꾹 참고 후일을 기약해야만 했다.

변변치 못한 나와 달리 어머니는 전도를 잘하셨다. 새로 이사 온 이웃집을 자연스럽게 방문하거나 길에서 만난 아주머니와 수다를 떨면서 친해지거나 전도지를 들고 여기저기 방문을 해서 사람들을 예배당으로 데리고 왔다. 전도 왕으로 뽑혀 예배 시간에 앞에 나가 상을 받기도 했다. 학교에서는 우등상이 최고였지만 교회에서는 전도 왕에게 주는 상이 최고였기에 어머니는 부러움의 대상이었다. 요즘도 다른 할머니를 보면 교회 다니느냐며 전도를 하신다. 나는 어머니의 이런 일관성과 단순함이 참 부럽다. 길에서 아무나 붙잡고 교회 가자고 강권해도 미쳤다는 소리를 듣지 않던, 크리스천들이 앞장서서 나라를 이끌고 사회에 본이 되던, 부자보다 전도 왕을 더 부러워하던, 가난하지만 순수했던 그 때의 교회가 부럽다.

아무 맛도 없었지만 배가 불러 좋았던 일용할 양식

아무리 철부지 어린아이들이라도 눈치는 있게 마련이다. 더구나 식구는 많은데 먹을 건 없고 모든 물자는 턱없이 부족하던 시절에는 아이들이라도 눈치가 없으면 천덕꾸러기가 되기 딱 좋았다. 그래서인지 학교에서는 교장선생님 아들하고 같이 있으면 왠지 좀 불편했고, 교회에서는 목사님 아들하고 함께 있으면 뭔가 좀 거북살스러웠다. 내가 국민학교 저학년 때니까 1970년대 초반이었을 것이다. 그 무렵 출석하던 교회 목사님 아들하고 나는 동갑내기였다. 작은 예배당 옆에 목사님 사택이 붙어 있었는데, 어느 날 그 아이가 나를 데리고 자기 집으로 들어갔다. 목사님 집에 들어가 본 건 그때가 처음이었다. 당시만 해도 아이들은 선생님은 화장실도 가시지 않는 줄 알고 있을 정도였기에 목사님은 우리와

사는 게 천양지차일 거라고 여겼다. 좀 더 근엄하고 경건하고 구별된 그런 세계일 것으로 짐작했다.

"오, 어서 와라. 한 집사님 막내아들이로구나."

"안녕하세요, 목사님! 얘가 자꾸 들어가자고 해서……."

"마침 잘 왔다. 우리 이거 먹고 있던 중인데, 같이 먹자꾸나."

"네, 감사합니다. …… 잘 먹겠습니다."

허름한 슬레이트 지붕 집이었던 목사님 사택은 빛이 잘 들어오지 않아 낮에도 약간 어둑어둑했다. 거실 한가운데에서 사모님과 두 딸들이 목사님과 함께 둘러앉아 뭔가를 먹고 있었다. 솥에서 막 꺼내 쟁반에 담은 음식에서는 김이 모락모락 올라왔다. 가만 들여다보니 전보다는 조금 크고 부침개보다는 약간 작은 크기의 둥그런 지짐 같은 거였다. 하지만 기름에 튀긴 것도 아니고 고기를 넣은 것도 아니었다. 그저 밀가루를 반죽해 넓적하게 모양을 낸 다음 솥에 물을 붓고 소금 간을 해서 끓여 낸 일종의 개떡이었다. 그걸 다들 맛있다는 표정으로 포크 대신 젓가락에 하나씩 꿰어 간장을 찍어 먹고 있었다. 표정과 입모양만 봐서는 정말 대단한 요리라도 되는 듯 보였다. 나는 친구와 함께 목사님 옆자리에 앉아 젓가락으로 개떡을 하나 꿰어 한 귀퉁이를 간장에 적셔 덥석 한입 베어 물었다. 간장 맛 외엔 아무 맛도 없었다. 그냥 밀가루를 물에 찐 냉랭한 맛이었다. 오래 씹으면 고소한 맛이 나긴 했다.

나는 목사님 집에 가면 산해진미는 아니더라도 꽤 근사한 음식이 나올 줄 알았다. 아무리 예고 없이 들이닥친 꼬마 친구라 해도 평소 먹던 대로라면 그쯤은 될 줄 생각했다. 그런데 이런 말도 안 되는 개떡을 먹게 될 줄이야. 쌀이 귀할 때라 우리 집에서도 어머니가 수시로 밀가루 반죽을 해서 지겹도록 수제비를 끓여주셨지만 아무런 부재료나 양념을 넣지 않은 채 이렇게 막 쪄낸 개떡을 먹어본 적은 없었다. 하지만 목사님도 사모님도 누나들도 친구도 모두 맛있다고 열심히 먹는데 나만 깨작거리며 유난을 떨 수는 없었다. 나도 맛있는 표정을 지어 가며 여러 개를 먹었다. 배가 불룩했다. 뭘 먹었든 배가 부르니 좋았다. 나는 잘 먹었다는 인사를 한 뒤 목사님 집을 나왔다. 다들 자주 오라는 말과 함께 오면 언제든지 개떡을 만들어주겠다고 했다. 배웅 나온 친구에게 물어보니 자기는 그런 개떡을 자주 먹는다고 했다. "맛없어서 먹기 싫지?", "저런 거 자꾸 먹으니 지겹지?" 이런 말은 차마 하지 못했다.

"엄마, 낮에 목사님 집에 갔었어."

"그래? 잘 있다 왔어? 까불고 그러지 않았지?"

"엄마는 내가 얼마나 얌전한 줄 몰라서 그래? 사모님이 쪄준 개떡 잔뜩 먹고 왔어."

"개떡? 어떻게 생긴 건데? 맛있었어?"

나는 목사님 집에서 먹었던 개떡의 생김새와 맛, 그리고 그걸 둘러앉아 먹는 목사님 가족들에 대한 목격담을 어머니에게 자세히 말해주었다. 어머니는 흥미진진하다는 표정을 짓다가 가끔은 어두운 표정을 짓기도 하며 내 말을 끝까지 경청했다. 그걸로 끝이었다. 나는 워낙 신나게 뛰어놀아서인지 좋아하던 라디오 연속극도 듣지 못한 채 저녁잠에 빠져들었다.

어머니는 헌금도 부족하고 성미도 충분치 않은 작은 교회 형편상 목사님 가족들이 기름진 쌀밥은 고사하고 이런 밍밍한 맛의 개떡을 자주 만들어 먹을 수밖에 없는 현실이 안타까웠던 것 같다. 그날 이후 매일 저녁 밥상을 물린 뒤에 드리는 가정예배 때마다 어머니는 목사님 가족을 위해 더 오래 기도했다. 짐작컨대 성미도 이전보다 조금씩 더 떼지 않았나 싶다.

개떡은 보릿가루를 반죽해서 찐 떡으로 주로 강화도에서 많이 해 먹는 향토 음식이라고 알려져 있다. 그러나 지역이나 시대에 따라 재료와 조리법이 약간씩 다르다. 쌀가루나 보릿가루에 어린 쑥을 넣고 반죽해 둥글납작한 모양을 만들어 찐 떡을 가리키기도 하고, 메밀가루에 꿀물을 섞어 죽을 쑨 뒤 장작불 속에 넣어 자연스럽게 말린 것을 일컫기도 한다. 어쨌거나 개떡은 궁핍한 시절 배고픔을 달래기 위해 먹던 거친 음식으로 일종의 구황식품(救荒食品, 흉년 등으로 기근이 심할 때 감자나 메밀처럼 주식 대신 먹을 수 있는 농작물로 만든 먹을거리)이기도 했다. 사람들로부터 너무나 하찮게 여겨졌기에 개떡이라는 말은 일상에서도 좋지 않은 의미로 많이 쓰였다. 개떡이 들어간 말치고 좋은 뜻을 가진 말은 거의 없다.

소설가 황석영은 『노티를 꼭 한 점만 먹고 싶구나』라는 책에서 어머니가 해주셨던 장떡에 대한 추억을 풀어놓았다. 그의 어머니는 목사이며 교육자였던 집안의 둘째딸이었다.

> '해방 뒤부터 전쟁 때는 물론이고 전후에도 오랫동안 양식이 부족해서 도회지에서는 밀가루로 연명하는 날이 많았다. 어머니는 언제나 없는 재료로 아이들이 좋아할 뭔가 색다른 반찬을 만들어 내야 했다. 그럴 적에 등장한 것이 바로 장떡이었다. …… 어머니가 그 당시 된장국과 김치 한 보시기만 달랑 올려놓기가 거북했을 때에 급조했던 장떡은 우리 형제들에게는 대단한 특식이요, 별찬이었다. 어머니가 부엌에서 장떡을 지지는 냄새를 풍기면 우리 어린것들은 둥그런 밥상 주위에서 "야, 장떡이다 장떡!"하면서 맴돌았다.'

1960~1970년대만 해도 대다수 목회자들의 생활은 어려웠

다. 게다가 목회자들은 자녀를 많이 낳았기 때문에 가뜩이나 쪼들리는 살림살이가 더 곤궁할 수밖에 없었다. 그때는 목회자들의 처우라든가 생활수준이 보통 교인들 수준이거나 그 이하여야 한다고 생각한 사람들이 많았다. 서민들보다 잘사는 목사, 교인들의 평균 생활수준보다 월등히 높은 수준으로 사는 목사, 기사 딸린 고급 외제 승용차를 타고 골프를 치러 다니는 목사, 매달 수천만 원의 월급을 받으면서 여러 명의 비서를 거느리고 있는 목사……. 이런 목회자의 모습은 상상할 수도 없었다. 순수하고 결연한 영성은 가난하고 절제된 생활을 기반으로 생겨나며 유지될 수 있다고 믿었기에 목회자의 청빈은 선택이 아니라 필수로 여겨졌다. 쑥이나 호박 같은 값싼 재료조차 넣지 않은 물렁한 개떡을 간장 찍어 먹으면서도 가족 모두 웃어가며 한 상에 둘러앉을 수 있었던 것, 그런 자신의 집을 창피하거나 부끄럽다고 생각하지 않고 친구를 초대해 함께 먹자고 권할 수 있었던 것, 목사님이나 사모님 누구도 자신들의 환경이나 처지를 한탄하거나 억울해하지 않고 소명으로 받아들이고 있었던 것은 바로 이런 이유에서였다.

——— 찬송가 궤도

악보도 볼 줄 모르면서 목청만 높이던 찬송 시간

요즘은 손으로 글씨 쓸 일이 별로 없다. 할 말이 있으면 전화를 걸거나 스마트폰으로 문자 메시지를 보낸다. 그것도 귀찮아서 단어나 문장을 확 줄인 약어를 많이 사용하고, 이를 상징하는 특수문자나 이모티콘을 써서 카톡을 보내기도 한다. 좀 긴 편지는 컴퓨터를 통해 이메일로 보낸다. 교수가 논문을 쓸 때나 작가가 원고를 쓸 때도 모두 컴퓨터를 이용해 문서를 작성한다. 이런저런 검색을 하거나 자료를 찾기도 쉽고 저장이나 복사나 편집 디자인 측면에서도 더할 수 없이 편리하다. 손 글씨를 쓰는 건 생일 카드를 쓸 때나 달력 위에 약속을 메모할 때 정도이다. 그래서인지 예전보다 손 글씨 모양새가 엉망인 사람들이 많다.

손 글씨체가 남달리 좋은 것만으로도 먹고사는 데 지장이 없던 시절이 있었다. 동사무소에 가면 복사기나 컴퓨터가 없었기 때문에 각종 문서를 손으로 써서 발급해주는 직원이 있었다. 주민등록등본을 떼거나 이사를 한 뒤 전입신고를 하러 가면 담당 직원이 관련 서류를 찾아 유려한 필체를 자랑하며 증명서를 써주곤 했다. 펜에 잉크를 발라 써줄 때도 있었고 볼펜으로 써줄 때도 있었다. 학위논문도 손 글씨로 썼다. 대학도서관에 가서 1950~1960년대에 취득한 석사나 박사 학위논문을 찾아보면 컴퓨터 서체나 타자기 글씨가 아닌 사람이 손으로 직접 쓴 글씨체의 논문을 볼 수 있다. 어느 논문이든 필체가 대단하다는 걸 느낄 수 있다. '대서소'라는 곳이 있었다. 말 그대로 누군가를 대신해서 글씨를 써주는 곳이었다. 돈만 주면 각종 문서나 서류, 논문 등을 좋은 필체를 가진 사람이 원하는 대로 써주었다.

필체 좋은 사람이 대접받는 곳은 또 있었다. 군대와 교회였다. 군대에서는 남다른 장기만 있으면 그에 맞는 보직에서 근무할 수 있었다. 대개 대학을 다니다 입대를 하거나 손 글씨를 특별히 잘 쓰는 병사가 있으면 행정병으로 발령이 났다. 행정병은 군대 안에서 필요한 각종 서류와 문서를 작성해서 보고하고 보관하며 여러 가지 작전 상황이나 계획 등을 일목요연하게 차트로 만드는 일을 했다. 빛나는 필체를 가진 병사는 어디서나 환영받았다. 말년 병장들은 틈나는 대로 애인에게 보내는 편지를 대신 써달라고 부탁했다. 연애편지 쓰는 솜씨만 탁월해도 군대생활을 편하게 할 수 있었다. 교회에서도 손 글씨가 뛰어난 사람이 해야 할 일은 무궁무진했다. 부활주일예배, 성탄주일예배, 심령대부흥회 등 각종 예배나 집회 때마다 강단 뒤에 이를 알리는 글씨를 써서 붙여야 했고, 매주일 주일학교 게시판을 아름답게 장식해야 했으며, 각종 행사 때에는 온갖 도구를 다 동원해서 홍보물을 만들어야 했다.

그중에서도 가장 중요한 일은 찬송가 궤도를 만드는 일이었다. 당시 어른들이 보는 찬송가는 합동찬송가, 개편찬송가, 새찬송가 세 종류였다. 각 찬송가마다 장수가 다르고 가사도 조금씩 달랐다. 그래서 여러 교회가 모여 예배드리는 곳에서는 찬송가를 부를 때마다 사회자가 합동찬송가는 몇 장, 개편찬송가는 몇 장, 새찬송가는 몇 장이라고 알려줘야만 했다. 그렇게 찾아서 부르더라도 누군가 큰소리로 찬송가를 앞서 부르면 다른 가사로 된 찬송가를 따라 부르기가 몹시 곤혹스러웠다. 그나마 어른들은 찬송가가 있어 이를 보고 찬송을 하면 됐지만 어린이들은 자신들이 볼 수 있는 찬송가가 없었다. 어린이용 찬송가가 나온 것은 한참 뒤의 일이다. 어린이들은 예배 때마다 강단 앞에 놓인 찬송가 궤도를 보면서 찬송을 했다. 찬송가 궤도는 악보가 그려진 것도 있었고 악보 없이 가사만 적혀 있는 것도 있었다.

"예수께로 가면 나는 기뻐요.
걱정 근심 없고 정말 즐거워.

예수께로 가면 맞아주시고
나를 사랑하사 용서하셔요.
예수께로 가면 손을 붙잡고
어디서나 나를 인도하셔요.
(후렴) 예수께로 가면 나는 기뻐요.
나와 같은 아이 부르셨어요."

"꼬꼬댁 꼬꼬 먼동이 튼다.
복남이네 집에서 아침을 먹네.
옹기종기 모여앉아 꽁당보리밥.
꿀맛보다 더 맛좋은 꽁당보리밥.
보리밥 먹은 사람 신체 건강해.
보리밥 먹은 사람 튼튼도 하지."

궤도에는 찬송가만 있는 게 아니라 재미있는 가사와 신나게 율동을 따라할 수 있는 동요들도 있었다. 일명 '꽁당보리밥 송'은 혼식과 분식을 장려하는 노래였다. 쌀이 귀하던 때라 정부에서는 보리나 밀 등을 많이 먹도록 권장했고, 이에 따라 학교에서는 점심때마다 선생님이 쌀밥만 싸온 아이들이 있는지 확인하기 위해 도시락 검사를 했다. 우리는 '꽁당보리밥 송'을 부를 때마다 마지막 가사를 "보리밥 먹은 사람 방귀 잘 뀌네"로 바꿔 부르며 배꼽을 잡곤 했다. 예배 시간에는 정식으로 찬송가를 불렀지만 분반 공부를 할 때나 다른 행사를 할 때는 이런 노래를 불러 분위기를 후끈 달아오르게 했다. 궤도에 악보가 그려져 있고 예쁜 여자 선생님이 열심히 풍금도 치셨지만 우리는 이미 가사를 다 외우고 있었기에 궤도의 악보나 풍금의 선율에 아랑곳하지 않고 온 힘을 다해 목청껏 노래를 불렀다. 앞에서 노래를 지도하시는 선생님은 남녀별 학년별로 팀을 갈라 누가 더 잘하나 보자며 계속 노래를 시켰기에 지지 않으려면 더 악을 쓰고 노래를 불러야 했다. 그 영향 때문인지 교회 다니는 아이들은 학교에서도 음악 시간만 되면 다른 아이들보다 노래를 더 잘 부르는 것 같았다.

찬송가 궤도 만드는 일은 많은 시간과 정성을 요하는 일이었다. 먼저 신문지 펼친 면의 서너 배에 달하는 커다란 백지를 바닥에 놓고 쓰고자 하는 찬송가 가사의 길이에 맞게 좌우 넓이와 여백을 설계해 자를 대고 연필로 줄을 그었다. 찬송가 한 곡이 궤도 한 장에 다 들어가야 했기 때문이다. 누구나 잘 읽을 수 있게 글씨를 정자로 또박또박 써야 했고, 자간과 행간이 잘 맞아 삐뚤빼뚤 거리지 않아야 했다. 혹여 실수라도 하면 귀한 종이를 버려야 했기에 글씨 쓰는 사람은 긴장하지 않을 수 없었다. 글씨는 검정색과 빨간색 매직펜을 이용해서 썼다. 매직펜을 구하기 어려우면 먹이나 물감을 이용해 붓글씨로 쓰기도 했지만 이는 굉장히 어려운 작업이었다. 이렇게 한 장 한 장 찬송가를 써서 궤도 하나를 만들려면 한 달 가까이 걸렸다. 순서는 어른 찬송가와 마찬가지로 예배 시작할 때 부르는 찬송가가 앞쪽 끝날 때 부르는 찬송가가 뒤쪽이었다. 절기 때 부르는 찬송가와 율동을 하면서 부르는 찬송가 그리고 찬송가가 아닌 동요는 맨 뒤쪽으로 놓였다. 이렇게 순서까지 정해지면 찬송가 가사가 적힌 백지 위쪽에 송곳으로 구멍을 내서 끈을 단 다음 찬송가 뭉치 앞뒤로 튼튼한 나무막대기를 대고 끈을 단단히 조여 묶었다. 표지에 제목과 교회 이름을 적으면 완성이었다.

힘들게 만든 찬송가 궤도는 나무막대기를 양 옆으로 걸어 흔들리지 않게 고정시켜주는 틀 위에 걸쳐졌다. 틀의 양쪽 끝은 Y자 형태로 궤도가 잘 걸쳐지게끔 만들어져 있었다. 예배 시간이 다가오면 힘센 남자 선생님들은 이 찬송가 궤도를 틀 째로 옮겨 강단 앞으로 가져다 놓았다. 무게가 상당했기에 여자 선생님들은 들 엄두를 내지 못했다. 행여나 찢어질까 궤도를 넘길 때도 조심해야 했다. 해당되는 부분을 찾아 막대 지휘봉 같은 걸 사이에 끼워 앞부분을 궤도 뒤편으로 휙 집어 넘기는 게 요령이었다. 이걸 잘 못하면 궤도가 찢어지거나 접히곤 했다. 옆에서도 잘 찾을 수 있게끔 궤도 옆쪽에 깨알 같은 글씨로 찬송가 제목을 적은 메모지를 붙여두었다. 시간이 흘러 좋은 어린이 찬송가가 보급되면서 찬송가 궤도는 역사 속으로 사라져버렸다. 하지만 어렸을 때의 기억력이라는 게 참 대단해서 주일학교 시절 신바람 나게 불렀던 찬송가나 밤새워 암송했던 성경구절은 지금도 잊히지 않고 또렷하다.

동심의 나라로 인도하는 영혼의 징검다리

「내 마음의 풍금」은 1999년에 개봉했던 영화다. 이영재 감독이 메가폰을 잡은 이 영화에서 이병헌은 잘 생긴 총각 선생님 수하 역을, 전도연은 조숙한 늦깎이 국민학생 홍연 역을, 이미연은 어여쁜 처녀 선생님 은희 역을 맡아 뛰어난 연기를 선보였다. 1997년 말부터 한국을 강타한 IMF 구제금융 사태로 인해 온 국민이 우울하고 힘든 시간을 보내고 있을 때 이 영화는 그보다 더 어렵던 시절에도 잃지 않았던 풋풋한 꿈과 낭만과 사랑을 진솔하게 보여줌으로써 많은 국민들로부터 찬사를 받았다. 1960년대 강원도 산속 마을 산리에 있는 작은 국민학교로 부임해 온 젊은 남자 교사와 첫 만남부터 선생님을 흠모하게 된 여제자의 아름다운 사랑을 그린 내용이다. 정도의 차이만 있을 뿐 그 시절엔 거의 예외

없이 총각 선생님은 모든 여학생들의 첫사랑이었으며, 처녀 선생님은 모든 남학생들의 첫사랑이었다.

같은 날 도시에서 산골 학교로 부임해 온 강수하와 양은희는 음악을 매개로 엘피판을 주고받으며 가까워진다. 오매불망 강수하를 마음에 둔 윤홍연은 두 선생님 사이를 갈라놓기 위해 무진 애를 쓰지만 강수하의 눈길은 양은희에게만 머문다. 사범학교를 졸업하고 처음 교단에 선 21세 남자 선생님과 당시로선 혼기가 꽉 찬 25세 여자 선생님 그리고 고등학교에 다닐 나이인 17세에 동생을 업고 국민학교에 다니는 여학생 사이에 밀고 당기는 묘한 삼각관계가 펼쳐진다. 기차 안에서 먹는 삶은 달걀과 사이다, 부뚜막에 걸린 커다란 가마솥, 야트막한 초가지붕과 있으나 마나한 싸리울, '기찻길 옆 오막살이'를 합창하며 고무줄놀이에 여념이 없는 아이들, 호롱불과 요강과 재봉틀이 어우러진 집 안 풍경, 도시락이 난로 위에 수북이 쌓인 교실, 아이들 용모 검사를 하고 몸에 소독약을 뿌리는 광경……. 50여 년 전 시골 학교에서 벌어졌던 아득한 추억들이 두 시간 넘게 스크린 가득 넘쳐난다. 무엇보다 인상적인 건 소달구지나 타야 겨우 읍내까지 나갈 수 있는 외진 학교를 가득 메운 아이들이다. 조회 시간이나 체육 시간이 되면 아이들이 너무 많아 운동장이 터져 나갈 지경이다.

"양 선생이 개인 사정으로 학교를 그만두시겠다는 거예요. 정혼한 사람하고 샌프란시스코로 유학을 떠나게 돼서 어쩔 수 없다고 그러는데……."

양은희를 흠모하던 강수하가 사랑을 고백하기 위해 밤새 쓴 연애편지를 가슴에 품고 멋진 양복 차림으로 등교하던 날, 교장 선생님은 교무실에 모인 선생님들 앞에서 이처럼 폭탄선언을 하고 만다. 그렇게 양은희가 떠나버린 학교에 홀로 남겨진 강수하는 마음을 잡지 못하고 방황하다가 1년 뒤 결국 자신도 학교를 떠나게 된다. 홀연히 나타났다 바람처럼 사라져간 강수하에게 윤홍연은 선생님을 위해 마련한 최신 엘피판과 자신의 일기장을 선물한다.

영화 속에는 풍금을 연주하는 장면이 자주 등장한다. 음악 시간이면 선생님이 앞에서 풍금을 치면서 아이들과 함께 노래를 부른다. 요즘은 어떤지 모르겠지만 그때는 국민학교 선생님이라면 누구나 풍금을 칠 줄 알아야 했다. 공부라면 지긋지긋하게 생각하던 아이들도 풍금 소리에 맞춰 노래를 부를 때만큼은 누구보다 열심이었다. 어느 일요일, 일직 근무 중이던 양은희를 만날 요량으로 학교에 들른 강수하는 자신이 쓴 곡이라며 양은희를 위해 풍금을 연주한다. 점점 음악에 빠져든 양은희는 강수하와 나란히 앉아 풍금 연주에 동참한다. 두 사람의 합주가 교실 가득 울려 퍼지며 풍금의 청아한 선율은 두 청춘남녀의 사랑인 듯 메아리친다. 산리국민학교에 머무는 동안 강수하가 가장 행복했던 순간이었을 것이다. 낡은 풍금 소리는 영화를 보는 관객들의 추억과 낭만과 사랑을 오롯이 되살려내기에 충분했다.

서울시 중구 정동에 있는 배재학당 역사박물관에 가면 학교 설립자이자 조선에 온 최초의 개신교 선교사인 아펜젤러(Henry Gerhard Appenzeller)가 사용하던 피아노가 전시되어 있다. 선교사들은 피아노를 연주할 정도였지만 대부분의 한국인들은 1970년대까지만 해도 풍금을 연주하며 음악 교육을 받아야 했다. 풍금(風琴)은 발로 페달을 밟아 바람을 넣어 소리를 내는 건반 악기이다. 서양의 오르간이라는 악기를 한자로 번역한 것인데, 우리나라에서는 오르간 중에서도 리드오르간을 풍금이라고 부른다. 처음 우리나라에 들어온 것은 대략 1896년경 선교사에 의한 것으로 추정하고 있다. 1909년 4월 27일자 황성신문에는 관립고등학교에서 풍금을 사용하고 있으며, 매주 토요일 오후에는 풍금 연주를 관람시켰다는 기사가 실린 바 있다. 일제강점기 이후 각종 학교와 교회에는 교육과 선교를 목적으로 풍금이 대량 보급되었다. 특히 풍금은 교회 음악에서 떼려야 뗄 수 없는 필수적인 악기로 사용되었다. 한국인들의 서양 음악에 대한 이해는 풍금을 통해 시작되었다고 해도 과언이 아니다.

주일학교에서 풍금을 칠 줄 아는 여 선생님은 귀하디귀한 존

재였다. 다른 건 없거나 준비가 부족해도 빼든가 다른 걸로 교체한 뒤 예배를 시작할 수 있었지만 풍금 치는 여 선생님이 안 계시거나 지각을 하게 되면 예배를 시작할 수가 없었다. 풍금 반주가 있는 예배와 없는 예배는 그야말로 하늘과 땅 차이였다. 예배도 예배지만 예배가 끝나고 흥겨운 시간을 가질 때 풍금이 없으면 아무리 재주 많은 선생님이 재미있는 이야기를 들려주고, 신기한 마술을 하고, 만담에 원맨쇼를 곁들여도 도통 흥이 나질 않았다. 남자 아이들 사이에서도 풍금 잘 치는 예쁜 여 선생님은 영화 속에서 윤홍연이 강수하를 짝사랑하듯 선망의 대상이었다. 영원히 그 자리에 앉아 우리에게 풍금 소리를 들려줄 것 같았던 여 선생님이 결혼을 해서 다른 교회를 나가게 되었다고 인사를 할 때 수많은 남자 아이들은 배신감에 치를 떨거나 홀로 눈물을 삼키며 괴로워해야 했다. 실연의 아픔은 비단 영화 속 이야기만은 아니었다.

"나의 사랑하는 책 비록 헤어졌으나
어머님의 무릎 위에 앉아서
재미있게 듣던 말 그때 일을 지금도
내가 잊지 않고 기억합니다.
귀하고 귀하다.
우리 어머님이 들려주시던

재미있게 듣던 말 이 책 중에 있으니
이 성경 심히 사랑합니다."

예배 시간에 가장 즐겨 불렀던 찬송가는 '나의 사랑하는 책'이라는 곡이었다. 영어 제목이 'My Mother's Bible'인 걸 보면 알 수 있듯 어린 시절 어머님에게서 들었던 성경 말씀을 생각하며 부르는 찬송이다. 풍금으로 이 찬송가의 전주가 나오면 나는 늘 가슴이 벅차올랐다. 무엇 때문인지 모르지만 이 찬송가에는 잊을 수 없는 내 유년의 추억이나 정서가 짙게 배어 있는 것 같았다. 다니엘과 다윗, 엘리야와 예수님의 이야기 그리고 성경책을 읽으며 눈물 흘리시던 어머니의 모습 등이 차례로 연상되는 가사가 어린 마음에도 처연했던 것이다. 지금은 이 노래가 더욱 애절해져서 눈물 없이 4절까지 이어 부르기가 어렵다. 이 찬송가는 피아노나 파이프오르간 연주에 맞춰 부르면 맛이 나질 않는다. 마룻바닥에 앉아 풍금 소리에 맞춰 불러야 제 맛이 나는 찬송이다.

이제 풍금은 마음속에만 남아 있는 물건이 되었다. 산리보다 더 깊은 두메산골에 가도 풍금이 있는 예배당은 거의 없다. 전국 어느 교회를 가든 멋진 피아노와 화려한 전자오르간을 갖추고 있지 않은 교회가 드물다. 서울 강남에 있는 대형 교회를 가면 유럽의 대성당에서나 볼 수 있는 최고급 파이프오르간에 대규모 오케스트라까지 갖추고 있는 곳도 많다. 웅장하고 세련된 연주는 풍금 소리에 맞춰 찬송하던 것과는 비교조차 할 수가 없다. 그럼에도 불구하고 나는 풍금 소리에 맞춰 목 놓아 노래하던 그 시절이 첫사랑의 기억처럼 아련하다.

―――― 부활절 달걀

삶은 달걀 한 알이 주는 뭉클한 감동

최근 텔레비전을 시청하다 보면 배달전문업체 광고를 많이 접할 수 있다. 온갖 먹을거리를 전국 어디서나 신속하게 배달해준다는 기발한 광고를 보면 정말 우리나라만큼 배달 문화가 발달된 곳은 전 세계 어디에도 없을 듯싶다. 그 많은 배달 광고 중에도 단연 압도적인 것은 치킨 관련 광고일 것이다. 월드컵과 올림픽 등을 통해 증명된 바 있는 우리나라만의 독특한 '치맥 문화(양념 혹은 프라이드치킨을 배달 시켜 맥주와 함께 먹으면서 스포츠를 즐기는 것)'는 다른 아시아 국가로 수출까지 되었다. 한국인의 치킨 사랑은 어제오늘의 일이 아니다. 옛날 어릴 적에는 통닭 한 마리라는 말만 들어도 자다가 벌떡 일어났을 정도로 튀김 통닭은 모든 어린이들이 짜장면보다 더 먹고 싶어 했던 음식이었다. 하지만 닭고기 먹는 일이 요즘처럼 쉽지 않았다. 예전 시골에서 닭은 소, 돼지 다음가는 재산으로 여겨졌다.

시인 김용택은 『그리운 장날』이라는 책에서 끔찍하게도 가난했던 자신의 학창 시절을 회상하며 닭 이야기를 꺼냈다. 전북 순창 읍내에서 자취를 하며 중학교를 다니던 때였다. 학교에 낼 회비를 내지 못해 기한을 한참 넘기자 교문 게시판에 시인의 이름이 나붙게 되었다. 그는 회비를 내지 못했다는 이유로 주말도 아닌데 집으로 되돌려 보내졌다. 무더운 여름이었다. 아버지 어머니는 밭에서 보리를 베고 계셨다. 어머니는 학교에 있어야 할 아들의 느닷없는 출현에 놀랐고, 중학생 아들은 차마 입이 떨어지질 않아 고개를 숙이고 울기만 했다. 아버지 어머니는 낫을 놓고 감나무 그늘에 앉아 우두커니 강물만 바라보셨다. 얼굴에 막막한 근심이 가득했던 두 분은 아들이 회비 때문에 집으로 보내졌다는 걸 직감적으로 알고 계셨던 것이다. 한참을 그렇게 있던 어머니는 뭔가를 결심한 듯 벌떡 일어서셨다.

> '…… "가자. 집으로" 하시며 징검다리를 부산하게 건너셨다. 집으로 돌아오신 어머님은 갑자기 닭들을 부르기 시작했다. 여기저기 흩어져 모이를 찾던 닭들이 집으로 몰려왔다. 이제 막 날개 밑에 털이 나기 시작하는 영계들이었다. 닭들은 어머님 뜻대로 닭장으로 다 들어갔다. 어머님은 닭장의 닭들을 한

마리씩 잡아 두 날개와 발을 묶었다. 그리고 망태에 담더니, "가자." 나는 어머님의 뒤를 따라갔다. 30분쯤 들길을 걸어 어머니와 나는 갈담장(강진장의 옛 명칭)에 가는 버스를 탔다. 오후였는데도 장은 북적대고 있었다. 어머님은 가축전으로 가더니, 흥정을 하고 닭을 팔았다. 그때 돈으로 1,600원이었다. 점심도 굶은 어미니와 나는 디시 차를 탔다. 어머님은 일중리에서 내리고 나는 순창으로 갔다. 어머님께서 차에서 내려 다부진 몸으로 닭을 흥정하시던 모습과 나를 보내고 들길을 부산하게 걸어가시던 어머님의 모습은 나를 눈물 나게 한다.'

애지중지 기르던 닭을 내다판 돈으로 시인은 회비를 냈고 학교를 마쳤다. 이렇게 살던 시절 그 귀한 닭을 튀기고 양념에 발라 먹는다는 건 상상할 수도 없었다. 심지어 암탉이 낳는 달걀도 절대로 그냥 먹을 수 없었다. 한 알 두 알 정성껏 달걀 꾸러미에 모았다가 장날 내다팔아 돈을 손에 쥐어야 했기 때문이다. 라면에 달걀을 풀어먹고, 프라이팬에 기름을 둘러 계란말이를 해먹는 일은 형편이 좀 나아진 뒤의 일이다. 아파트 단지 골목골목마다 한 집 걸러 한 집 꼴로 늘어서 있는 치킨 체인점을 보면 참으로 격세지감을 느낄 수밖에 없다.

내 유년 시절에도 달걀은 귀한 음식이었다. 삶은 달걀은 소풍 갈 때나 맛볼 수 있었다. 가방 안에 삶은 달걀 몇 알과 사이다 한

병만 넣으면 소풍 가는 발걸음이 그토록 가벼울 수가 없었다. 도시락 반찬으로 계란말이를 싸가는 건 살림살이가 꽤 넉넉한 집 아이들이나 가능한 일이었다. 도시락 밥 위에 달걀부침 하나를 턱 하니 얹어서 가져가면 점심시간에 도시락 뚜껑을 열 때 어깨에 힘이 들어갔다. 아이들에게 빼앗기지 않으려고 도시락 밥 아래쪽에 달걀부침을 깔아서 싸가지고 오는 아이도 있었다. 집에서 밥을 먹을 때 어머니는 달걀을 풀어서 파와 양파 등을 썰어 넣고 찜을 해주셨다. 그렇게 만들면 달걀 한두 알을 가지고도 온 식구들이 먹을 수 있었다. 싱거우면 한 숟가락 듬뿍 떠서 먹을 수도 있기에 새우젓을 좀 많이 넣어 짜게 만드는 것도 요령이었다. 생일 때는 미역국에 닭을 넣어 끓여주셨다. 미역은 미끌미끌해서 그다지 좋은 느낌이 아니었지만 쫄깃쫄깃한 닭고기는 별미 중의 별미였다.

달걀을 실컷 먹을 수 있는 유일한 날은 부활절이었다. 해마다 부활절이 되면 선생님들이 예쁜 그림이 그려진 삶은 달걀을 아이들에게 나눠주었다. 한 아이 당 두세 개씩은 받았던 것 같다. 줄을 잘 서거나 머리를 좀 쓰면 몇 번 더 받을 수 있었기에 이렇게 모은 달걀을 집에 가져가면 배가 터질 만큼 먹을 수 있었다. 선생님들은 부활절 전날 예배당에 모여 달걀을 삶고 잘 식혀서 물감으로 정성껏 그림을 그렸다. 예수님 얼굴, 십자가, 천사들 그림이 제일 많았던 것으로 기억된다. 그림을 그리고 나면 '축 부활', '예수 부활' 같은 글씨도 써넣었다. 이렇게 만들어진 부활절 달걀을 받으면 처음에는 너무 예뻐서 먹기가 아까워진다. 하지만 아깝다고 먹는 걸 미루다 보면 물감이 껍질을 통과해 흰자와 노른자로 파고들어 나중에 껍질을 벗겼을 때 알록달록 물든 달걀을 먹을 수밖에 없다. 그런 달걀을 먹는다는 건 아무래도 좀 찜찜했다. 그래서 받자마자 바로 먹는 게 최고였다. 껍질을 벗기면 드러나는 반질반질 윤이 나는 흰자와 개나리보다 더 진한 노른자를 한입 베어 물면 맛이 기가 막혔다.

부활절은 기독교에서 가장 오래된 축제 중 하나로 325년 제1회 니케아 공의회에서 춘분(春分, 3월 21일경)이 지난 최초의 만월 다음에 오는 첫째 일요일을 부활절로 지키기로 결정하면서 오늘에 이르고 있다. 이에 따라 12월 25일이 성탄절로 정해져 있는 것과 달리 부활절은 복잡한 계산을 거쳐야 하기에 매년 날짜가 달라진다. 부활절이 되면 대개 세례와 학습 예식이 행해지고, 참회자에 대한 위로와 죄수의 석방, 가난한 자를 위한 구제와 교역자에 대한 위안 등의 행사가 치러졌다. 예로부터 달걀은 봄이나 풍요 또는 다산의 뜻을 가진 생명의 상징이었다. 닭이 달걀을 품으면 껍질을 깨고 병아리가 탄생하듯이 하나님의 섭리 속에 고난과 죽음을 이기고 예수님이 부활하신 것을 기념하기 위해 부활절이 되면 달걀을 삶아 아름답게 장식해서 서로 선물로 주고받는 풍습이 생겨난 것이다. 옛날 수도원에서는 사순절(부활절 전까지 여섯 번의 주일을 제외한 40일 동안으로 금식과 기도로 경건한 생활을 했다) 기간에 고기뿐 아니라 생선이나 달걀도 먹지 않고 빵과 마른 채소만 먹으며 생활하다가 부활절 토요일 종소리가 울릴 때 비로소 오믈렛이나 반숙된 달걀을 먹었다고 한다.

나중에 어른이 되어 주일학교 교사로 일하게 되었다. 부활절이 다가오자 옛날 생각이 떠올랐다. 선생님들이 전날 예배당에 모여 늦게까지 달걀을 삶고 껍질에 그림을 그리겠구나 하는 각오를 하고 있었다. 그런데 아무도 물감과 붓을 가지고 예배당에 모이라는 말을 하지 않았다. 이상하다 싶어 선배 선생님께 물어보니 이제는 그렇게 하지 않는다고 했다. 여러 가지 예쁜 그림들이 그려진 장식용 셀로판지를 사다가 달걀 위에 씌우기만 하면 된다는 것이었다. 식당 봉사하는 권사님들이 달걀을 삶아 놓을 테니 부활절 아침에 조금 일찍 와서 일하면 금방 끝난다고 했다. 실제로 그랬다. 요즘은 더 좋은 장식용품들이 개발됐을 것이다. 아이들도 먹을 게 지천이라 삶은 달걀 따위에 환호하지 않는다. 주는 선생님이나 받는 아이들이나 시큰둥해진 것이다. 어쩐지 가슴 한 구석이 허전하다. 부활절 아침, 삶은 달걀 한 알을 받아들고 가슴 설레며 "감사합니다!"를 외치던 그 꼬마 녀석이 보고 싶어지는 것이다.

고난과 부활에 동참하기 위한 정갈한 준비

증도는 우리나라 사람들이 가보고 싶어 하는 관광지로 두세 번째 손가락 안에 꼽는 아름다운 곳이다. 드넓은 개펄 위를 마음껏 뛰노는 농게와 짱뚱어들, 바다를 끼고 섬을 일주할 수 있도록 잘 정비된 해안도로, 이글거리며 서해 속으로 쑥 빠져드는 낙조의 황홀함, 하와이에 온 듯 착각을 일으키게 만드는 우전리 해수욕장, 상정봉에 올라 내려다보면 한반도 모양을 쏙 빼닮아 놀라게 되는 해송 숲, 10만 그루에 달하는 소나무가 펼쳐진 길을 따라 걷는 천년의 숲 산책로, 매년 1만6천여 톤의 천일염을 생산해 내는 국내 최대의 단일 염전인 태평염전, 개정향풀과 벌노랑이, 칠면초와 나문재 등 수많은 염생식물들이 신비한 빛깔과 모양으로 자라고 있는 염생식물원 등 자랑할 만한 것들이 셀 수 없이 많다. 하지만

그중에서도 가장 귀하고 값진 것은 증도에 뿌리박고 살아가는 사람들이다. 한 번 왔다 가면 그만인 외지인들에게도 환하게 웃으며 손을 흔들어주는 소박하고 친절한 증도의 토박이들이다.

마침 부활절을 앞두고 증도를 찾아 아내와 함께 이곳저곳 사진을 찍으며 돌아다닐 때였다. 새벽녘 일출 광경을 보기 위해 산에 올랐다 내려오는 길에 증동리 마을을 굽어보고는 깜짝 놀라 그 자리에 멈춰서고 말았다. 움직일 수가 없었다. 마을 골목골목에서 언덕배기에 있는 예배당을 향해 소복(素服, 하얗게 차려입은 옷. 흔히 상복으로 입는다) 차림의 여인들이 줄을 지어 올라오고 있는 것이었다. 머리가 희끗희끗한 할머니에서부터 까만 생머리를 단정하게 빗어 내린 아낙네에 이르기까지 마을 여인들이 새하얀 한복을 입고 줄지어 예배당으로 향하는 모습은 온 몸을 전율케 할 만큼 장관이었다. 이윽고 증동리교회 종탑에서는 땡그랑, 땡그랑, 종소리가 아늑하게 울려 퍼지고 있었다. 눈물이 날 듯 울컥했다. 근래 내가 본 가장 감동적인 부활절 아침 풍경이었다. 어린 시절 기억이 떠올랐다. 내게 부활절하면 가장 먼저 떠오르는 건 어머니의 소복이다. 1년에 단 하루 부활절에만 입던 예복이었다.

"엄마 또 하얀 한복 다린다. 내일 입으려고 그러지?"

"그래, 내일이 부활절이잖니? 너도 일찍 자거라. 내일 새벽예배 가야 되니까."

"으앙, 나도 새벽에 일어나야 돼?"

"당연하지. 부활절에는 다 같이 새벽예배를 가야 되는 거야."

어머니는 새벽잠이 많은 나를 4시가 조금 지난 시각부터 깨우기 시작했다. 버텨 봐야 소용이 없었다. 형하고 누나들에 아버지까지 모두 깨워 세수를 시키고 단정한 옷으로 갈아입힌 후 예배당으로 데리고 가려면 어머니도 꽤나 힘드셨을 것 같다. 예배당 안에는 벌써 많은 사람들이 앉아 있었다. 남자들은 그렇지 않았지만 여자 어른들은 대부분 소복을 입고 있었다. 입구에서는 교인들에게 초 한 자루씩을 나눠주었다. 미리 가방 속에 초를 준비해온 사람들도 있었다. 촛농이 떨어지지 않도록 둥글게 만 종이에 구멍을 내서 꽂아둔 초였다. 심지에 불을 붙여 조심조심 자리에 가서 앉았다. 초를 거꾸로 들어 촛농이 바닥에 조금 떨어지게 한 다음 그 위에 초를 세우면 촛농이 굳으면서 쓰러지지 않고 꼿꼿하게 서 있었다. 전등을 다 끈 채 오로지 아른거리는 촛불에 의해서만 환하게 밝혀진 예배당 안이 평소와는 딴판으로 고요하고 아늑했다. 부활절 새벽에만 오롯이 느껴볼 수 있는 일종의 신비로움이었다.

부활절 새벽예배는 여러모로 특별했다. 촛불도 그렇고 소복도 그렇고 어른들 표정도 그랬다. 예배가 끝나면 "예수 부활!" 혹은 "예수님께서 부활하셨습니다!" 하는 말을 건네며 서로 인사와 악수를 나누었다. 어머니는 부활절 새벽예배가 끝나고 집에 오신 다음에서야 비로소 오랜만에 식사를 하셨다. 사순절 기간 동안 금식기도를 여러 번 하셨기에 부활절만 다가오면 어머니는 홀쭉해지시곤 했다. 이틀 혹은 사흘 어떨 때는 일주일씩 금식을 하시면서도 식구들 밥상을 꼬박꼬박 차려내셨다. 본인이 금식을 하면서 끼니때마다 밥 냄새를 맡으며 반찬을 준비하는 게 얼마나 곤혹스러운 일인지 어린 나는 알 수가 없었다. 나는 다만 부활절이 빨리 지나 어머니가 마음껏 밥을 드실 수 있게 되기만을 바랐다. 특히나 고난주간 중 성금요일부터 부활절 새벽까지는 아무리 몸이 고달프고 힘들어도 반드시 금식기도를 하셨기에 부활절 아침은 온 가족이 모처럼 밥상 앞에 마주앉는 정말로 기쁨이 가득한 아침이었다.

세계 각국에는 저마다 독특한 부활절 전통과 풍습이 있다. 부활절 아침 해가 뜨기 전에 동네 인근 들녘에 모여 춤을 추고 노래를 부르면서 축제를 벌이는 나라도 있고, 부활절 아침 해가 뜨는 곳에 모여 일출을 바라보며 예배를 드리는 나라도 있다. 부활절이 유월절의 연장이라는 생각으로 그때처럼 어린 양을 잡아먹는 풍습이 이어지기도 하고, 달걀을 대신해서 흰 토끼를 부활절의 상징으로 여기는 전통도 생겨났다고 한다. 유럽에서 오랫동안 이어져온 것은 부활절 예배 때 세례를 받는 사람들은 죄에서 사함

받아 정결하게 되었다는 의미에서 흰옷을 입는 것이었다. 일반적으로 부활절에는 크리스천들이 예수님의 부활로 인해 새 생명을 얻게 되었다는 뜻에서 가장 좋은 새 옷을 입고 예배를 드렸다. 신약 성경에도 예수님께서 부활하신 날 무덤을 찾아갔던 여인들이 흰옷을 입은 천사들을 목격하는 장면이 나온다. 천사들은 정결한 흰옷을 입은 채 부활하신 예수 그리스도 곁을 지키고 있었던 것이다.

> '안식일이 지나매 막달라 마리아와 야고보의 어머니 마리아와 또 살로메가 가서 예수께 바르기 위하여 향품을 사다 두었다가 안식 후 첫날 매우 일찍이 해 돋을 때에 그 무덤으로 가며 서로 말하되 누가 우리를 위하여 무덤 문에서 돌을 굴려 주리요 하더니 눈을 들어본즉 벌써 돌이 굴려져 있는데 그 돌이 심히 크더라. 무덤에 들어가서 흰옷을 입은 한 청년이 우편에 앉은 것을 보고 놀라매 청년이 이르되 놀라지 말라 너희가 십자가에 못 박히신 나사렛 예수를 찾는구나. 그가 살아나셨고 여기 계시지 아니하니라. 보라 그를 두었던 곳이니라. 가서 그의 제자들과 베드로에게 이르기를 예수께서 너희보다 먼저 갈릴리로 가시나니 전에 너희에게 말씀하신 대로 너희가 거기서 뵈오리라 하라 하는지라. 여자들이 몹시 놀라 떨며 나와 무덤에서 도망하고 무서워하여 아무에게 아무 말도 하

지 못하더라.(마가복음 16장 1절~8절, 개역개정)'

부활절에 여인들이 소복을 입는 것은 이와 같은 성경 말씀과 초기 서양 선교사들의 가르침에도 많은 영향을 받았지만 우리 민족 고유의 풍습과 유교적 전통에도 일치하는 일이었다. 우리네 어머니들은 누가 시키지 않아도 예수님이 고난당하신 기간 동안 금식을 하며 고난에 동참하고, 부활하신 날 새벽 무덤을 찾은 여인들처럼 순결과 승리를 상징하는 소복을 입음으로써 크리스천으로서의 도리를 지켰던 것이다. 예전에는 가톨릭교회에서 쓰는 미사보처럼 머리에 흰 수건을 두르기도 했다. 1970년대까지만 해도 이런 한국 교회의 아름다운 전통은 정서적 공감대를 형성하며 이어졌다. 하지만 오늘날 도회지에 있는 교회에서는 부활절이 돼도 정성껏 소복을 챙겨 입고 예배에 참석하는 여인들을 보기 힘들다. 굳이 한복이 아니더라도 정갈한 흰옷을 갖춰 입은 모습조차 보기 어렵다. 그러던 차에 그해 부활절 아침 남도의 외딴 섬에서 모든 여인들이 소복을 차려입고 예배를 드리는 장면을 목격했으니 얼마나 감격스러웠겠는가. 환희에 찬 예배당 안에서 젊은 날의 어머니를 뵌 듯 반가웠다.

—— 여름성경학교

워터파크와 에버랜드로 변신한 예배당

1973년 5월 5일 어린이날. 그때의 감격을 나는 아직도 잊지 못한다. 서울시 광진구 능동에 우리나라에서 제일 큰 어린이대공원이 개장을 한 날이기 때문이다. 대통령까지 참석한 이날 개원식 장면은 텔레비전으로도 중계되었다. 무엇보다 감동적이었던 건 이날 대한민국 모든 어린이들이 공짜로 어린이대공원을 구경할 수 있었다는 것이다. 어린이대공원에서 그리 멀지 않은 곳에 살고 있던 나는 벼르고 벼르다가 친구들과 함께 이날 공원을 찾아 공짜로 구경할 수 있는 모든 것을 누리며 행복에 겨워했었다. 직접 내 눈으로 확인한 어린이대공원은 그야말로 광활한 신천지요 온갖 신기하고 재미있는 것들로 넘쳐나는 동화 속 세상이었다. 최신 시설이 갖춰진 새싹의 집, 야외음악당, 생전 처음 보는 열대식

물들로 가득한 식물원, 코끼리와 사자에 호랑이까지 볼 수 있는 동물원 그리고 가장 많은 인기를 누렸던 바이킹과 청룡열차가 놓인 놀이동산 등 당시로서는 입이 떡 벌어질 정도로 어마어마한 동양 최대 규모의 공원이었다. 한 번 들어가면 저녁때가 다 됐어도 되돌아 나가기가 싫었다.

서울 사는 아이들에게는 한강만 한 놀이터도 드물었다. 겨울 강추위가 몰아닥치면 한강은 매번 꽁꽁 얼어붙었다. 한강이 얼었다는 소식이 들리면 아이들은 썰매를 가지고 강으로 모여들었다. 강북에서 강남까지 한강을 직선으로 가로지르며 썰매를 탔다. 여기저기 돌아다니며 널빤지 등을 주워 모아 책상다리하고 앉을 만한 공간을 만든 다음 밑에 가로로 기둥 두 개를 나란히 박고 철사를 휘어 붙여 날을 만들었다. 긴 막대기 끝에 못을 거꾸로 박아 지팡이 두 개를 마련하면 그해 겨우내 썰매 탈 준비가 끝난 셈이었다. 내 썰매는 늘 형이 만들어주었다. 썰매 위에 앉아 지팡이 끝으로 얼음을 찍어 제쳐 속도를 내면 썰매는 씽씽 잘도 달렸다. 여름 무더위 때면 뚝섬유원지에 한강수영장이 개장을 했다. 안전요원들이 설치해 놓은 선 안에서만 물놀이를 하면 됐기에 수많은 아이들이 한강으로 몰려왔다. 이렇다 할 수영복이 있을 리 없었으므로 우리는 항상 팬티만 입고 한강으로 뛰어들었다. 잠수도 하고 개헤엄도 치고 다이빙도 하고 조개도 따다 보면 유행가 가사처럼 하루해가 금방 저물었다.

어린이대공원도 좋고 뚝섬유원지도 좋았지만 교회 다니는 아이들이 가장 기다리는 건 여름성경학교였다. 대개 방학을 하고 나면 곧바로 여름성경학교가 시작되었다. 예배를 드리고 분반공부를 하고 가끔씩 간식을 먹던 평소와 달리 여름성경학교 때는 아침 점심 저녁으로 간식도 주고 밥도 줬으며 신나는 놀이와 찬송이 이어졌다. 예배 때나 분반공부를 할 때 떠들거나 집중하지 않으면 선생님께 야단을 맞았지만 여름성경학교에서는 무슨 짓을 해도 여간해서 야단을 맞지 않았다. 새벽에 모일 때도 있어 빠짐없이 참석하다 보면 하루 종일 예배당에서 살다시피 해야만 했다. 부모님이 절에 다니는 아이들은 눈치를 봐가며 와야 했기에 개근을 할 수가 없었다. 아무런 눈치 볼 필요가 없었던 나는 여름성경학교만 되면 개근상을 받았다. 출석부를 가지고 다니며 스티커를 받아서 붙여야 했는데, 동그라미 안을 빈틈없이 채우면 개근상을 주었다. 선생님을 졸라 우리 반 아이들과 함께 단체로 뚝섬유원지를 찾아 보물찾기도 하고, 한강수영장에 들어가 헤엄도 치며 놀았다. 특별히 좋은 반찬이 나온 것도 아닌데, 예배당에서 친구들과 둘러앉아 함께 먹는 밥은 무슨 조화에선지 그 맛이 정말 꿀맛 같았다.

"흰 구름 뭉게뭉게 피는 하늘에
아침 해 명랑하게 솟아오른다.

손에 손 마주잡은 우리 어린이
발걸음 가벼웁게 찾아가는 길.
즐거운 여름학교 하나님의 집
아아아~ 진리의 성경 말씀 배우러 가자."

지금은 어떤 노래를 부르는지 모르겠지만 그때는 여름성경학교만 되면 이 교가를 불렀다. 1학년 때부터 6학년 때까지 매년 여름 모일 때마다 불렀던 노래라서 도저히 잊을 수가 없다. 그렇지만 비 오는 날 이 노래를 부르려면 어쩐지 좀 이상했다. 이런 노래도 불렀다.

"맴맴맴맴~ 매미 소리가 정다웁게 들릴 때
손꼽아서 기다리던 성경학교 열렸네.
참말로 즐거워 참말로 즐거워
여름성경학교 즐거워 참말로 즐거워."

노래 가사와 달리 맴맴맴맴, 매미 소리는 정답지가 않았다. 한여름 여기저기서 울어대는 매미 소리는 정말이지 귀가 얼얼할 정도로 요란했다. 그 시절 교회 다니던 아이들은 매년 여름이면 이 노래를 수십 번도 더 불렀기에 아무리 머리가 나쁜 아이라 해도 다 외우고 다녔다. 학교에서도 쉬는 시간이면 입에서 흥얼흥얼이 노래가 흘러나왔고, 친구들과 골목이나 운동장에서 뛰어놀 때도 조건반사적으로 노랫말이 튀어나왔다. 어린이대공원은 개원 이후 입장료를 받았기에 예사로 갈 수가 없었고, 한강에서 헤엄치는 일은 몇 번 하면 흥이 떨어졌으며, 만화방 가는 일은 돈 없으면 불가능했기에 아이들은 여름성경학교로 발길을 돌렸다. 부활절하고 성탄절만 달랑 예배당에 나오던 아이들도 여름성경학교 때는 예배당에서 죽치고 앉아 개근상을 받아가기도 했다. 그러고 나선 개학을 하면 언제 그랬냐는 듯 성탄절 때까지 교회에 나오지 않았다. 아이들이 가장 열광했던 건 영화나 환등기를 볼 때였다.

주로 저녁때 예배당에 모여 한창 분위기가 고조되면 불을 다 끄고 어두워진 상태에서 영화나 환등기가 상영되었다. 강단에는 영화 스크린처럼 커다란 흰색 천을 걸어두어 동영상이나 사진이 비치도록 했다. 영화는 예수님의 생애를 다룬 외국 영화이거나 성경의 내용을 줄거리로 하는 만화영화일 때가 많았지만 우리가 기대하는 '타이거 마스크', '황금박쥐', '우주 소년 아톰', '요괴인간' 같은 건 틀어주지 않았다. 환등기는 낱장 슬라이드 필름을 자동으로 돌아가게 해서 그림이나 사진 등의 자료를 화면으로 보여주는 장치였다. 영화와 달리 화면이 움직이지 않았고 음성도 들리지 않았지만 흥미로운 내용들이 많아 인기가 있었다. 영화나 환등기 상영은 외부 전문가에게 의뢰해 처음 보는 선생님이 오셔서 진행하는 경우도 있었지만 교회 선생님 중에 젊고 똑똑한 분이 배워 가지고 와서 진행할 때도 있었다. 특히 환등기는 진행하는 선생님이 변사처럼 말을 재미있게 하면서 해설을 곁들여야 볼맛이 났다.

지금 생각해 보면 별로 특별한 게 없었던 것 같은데 그때는 여름성경학교가 왜 그렇게 좋았는지 모르겠다. 요즘 아이들을 그 시절 여름성경학교로 데려다 놓으면 과연 좋다고 할까? 컴퓨터와 스마트폰을 자유자재로 다루는 아이들에게 재래식 여름성경학교는 따분하기 이를 데 없을 것이다. 근래 들어 지방자치제도가 정착되면서 전국 곳곳에 기막힌 놀이시설과 워터파크들이 속속 생겨나고 있다. 한강수영장에서 헤엄쳐 본 기억이 전부인 사람에게 튜브 슬라이드나 파도풀 등의 현란한 시설이 갖춰진 워터파크는 소설처럼 '멋진 신세계'일 뿐이다. 경기도 용인에 위치한 우리나라 최고의 놀이시설인 에버랜드는 어린이대공원의 두 배가 넘는 45만 평에 세계 각지의 주요 도시를 주제로 한 글로벌 페어를 비롯해서 계절 별로 전시되는 대규모 정원과 국내 최장의 눈썰매장, 이솝우화를 재현한 테마존, 세계 유일의 복합 사파리, 모터파크와 숙박시설, 종합 스포츠 잔디구장과 리조트 등이 갖춰져 있다. 참 좋은 세상이다. 아이들에게는 보고 즐길 게 너무 많아 걱정일 지경이다. 하지만 내 유년의 기억 속에서 영원히 없어지지 않을 워터파크와 에버랜드는 여름성경학교가 열렸던 그때 그 예배당이다.

얼음, 설탕, 사이다, 수박,
더위를 쫓는 사총사

서민들이 겨울을 날 때 없어서는 안 될 것이 연탄이었다면 여름을 날 때 가장 요긴한 것은 얼음이었다. 요즘은 흔하디흔한 물건이 냉장고지만 그때는 냉장고 있는 집이 텔레비전 있는 집보다 드물었다. 냉장고는 없고 선풍기도 귀하던 때에 여름을 견디려면 얼음만 한 게 없었다. 시장과 더불어 서민들에게 가장 친숙했던 건 쌀가게, 연탄가게, 얼음가게였다. 사내아이들은 부모님 심부름을 발이 닳도록 해야 했기에 이들 가게가 어디에 붙어 있는지, 흥정은 어떻게 하는지, 뭘 조심해야 할지를 잘 알아두어야 했다. 쌀은 홉, 되, 말 단위로 됫박 같은 그릇에 달아서 팔았다. 형편이 좋으면 말로 사다 먹었고, 벌이가 시원치 않으면 홉으로 사다 날랐다. 가마니로 사다 먹을 일이 없으니 그 이상의 단위는 알 필요가 없었다. 종류도 일반미와 정부미 딱 두 종류였다. 한 푼이라도 아껴야 했기에 서민들은 정부미를 먹었다. 연탄 한두 장은 새끼줄로 매달아 사와야 했다. 쌀이나 연탄 심부름을 하다가 넘어지기라도 하면 난리가 났다. 쏟아진 쌀과 깨진 연탄은 눈물로도 주워 담거나 붙일 수가 없었다.

짚신과 나막신 장사를 하는 두 아들을 둔 어머니 이야기처럼 해마다 겨울이면 연탄가게 아저씨가 돈을 다 버는 것 같았고, 여름이면 얼음가게 아저씨가 갑부가 될 것처럼 보였다. 쌀이나 연탄과 달리 얼음은 주인아저씨 마음에 따라 크기가 달라졌다. 얼음을 주문하면 창고에서 커다란 얼음덩어리를 꺼내 돈 액수에 맞게 톱으로 썰어서 끈으로 묶어주었는데, 어떤 날은 50원어치도 꽤 묵직하게 잘라주다가 어떤 날은 100원어치인데도 두 배에 한참 못 미칠 만큼 작게 잘라주곤 했다. 할머니나 아주머니들에게 그런 식으로 했다간 난리가 났지만 별다른 항의를 할 수 없는 아이들은 만만하게 보고 더 그랬던 것 같다. 쌀하고 연탄은 넘어지는 것만 조심하면 됐으나 얼음은 내 의지와 무관하게 사정없이 녹아내렸기 때문에 뜀박질을 하지 않을 수 없었다. 어슬렁거리며 걷다 보면 얼음은 간 데 없고 끈만 들고 집에 들어갈 수도 있었다. 얼음을 받아들고 계산을 마치면 앞뒤 볼 것 없이 집을 향해 내달려야 했다. 얼음 한 방울이 녹아서 떨어질 때마다 돈이 땅바닥에 떨어지는 것 같아 애가 닳았다.

수박은 주로 아버지가 사오셨고, 사이다와 설탕은 어머니 몫이었다. 식구들이 시원하게 수박 맛을 보려면 화채로 만들어 먹어야 했다. 대충 잘라 먹으면 수박 한 통이 단박에 없어졌지만 화채를 만들면 두어 번은 먹을 수 있었다. 수박을 반 토막 낸 다음 숟가락으로 알맹이를 알뜰히 파서 커다란 함지박에 담은 후 설탕을 뿌리고 사이다를 붓는다. 맨 나중에 얼음을 넣고 국자로 휘휘 저으면 국물이 우러나면서 시원한 수박화채가 만들어진다. 얼음은 옷 꿰맬 때 쓰는 바늘을 대고 귀 쪽을 망치나 가위로 두드리면 잘게 부술 수 있었다. 얼음 넣은 화채 한 그릇을 다 먹고 나면 온몸이 서늘할 정도로 시원했다. 요즘은 거의 먹지 않지만 예전에는 먹고 난 수박 껍질도 나물로 무쳐 먹었다. 안쪽 붉은 부분과 겉의 푸른 무늬 부분을 칼로 꼼꼼히 벗겨낸 다음 가운데 토막을 채 썰어서 갖은 양념을 섞어 무쳐내면 상큼한 맛의 반찬이 만들어졌다. 무와 오이의 중간 맛 정도라고나 할까. 아무튼 전혀 생뚱맞은 맛은 아니었고 그럴싸했다. 모처럼 수박 한 통을 사면 이래저래 버릴 게 없었던 것이다.

화채 말고 수박을 있는 그대로 썰어 하모니카 불 듯 하나씩 들고 실컷 먹을 수 있었던 건 여름성경학교 때였다. 여름이면 가끔씩 교회에서 수박 파티를 하곤 했지만 몇 조각 먹다 보면 끝이었다. 배가 부를 정도로 먹으려면 여름성경학교나 되어야 했다.

오후 시간에 예배당에 들어가다 보면 우물가에서 선생님들이 수박을 사다가 시원해지도록 물을 퍼서 담가 놓는 걸 볼 수 있었다. 땅속 깊은 곳에서 퍼 올리는 우물물은 한여름에도 차갑다는 느낌이 들 정도였기에 우물물에 수박을 담가두면 냉장고에 넣어둔 것처럼 시원해졌다. 예배당 안에서 신나는 찬양과 율동, 동화 구연과 놀이가 이어지는 데도 내 마음은 우물가에 있는 수박에 머물러 있었다. 이윽고 수박 파티 시간이 되면 선생님은 내 머리의 서너 배는 됨직한 커다란 수박을 노련한 솜씨로 쪼개서 나눠주었다. 쟁반 위에 잘라 놓은 수박은 임자가 없었다. 한 사람 당 몇 개라는 배당도 없었다. 많이 먹는 게 장땡이었다. 우물물 속에서 온도가 내려간 잘 익은 수박은 입안에서 살살 녹았다. 시간이 지날수록 배는 점점 남산만큼 불러왔다.

"커다란 수박 하나 잘 익었나 통통통
단숨에 쪼개 보니 속이 보이네.
몇 번 더 쪼갠 후에 너도 나도 들고서
우리 모두 하모니카 신나게 불어요.
쓱쓱 싹싹싹 쓱쓱 싹싹싹
쓱쓱 싹싹싹 쓱쓱 싹싹싹."

집 근처에 있는 공원을 산책하다가 아내에게 이 노래를 율동과 함께 불러주었다. 재미있다고 좋아하며 몇 번을 더 시키는 바람에 걸어가면서 여러 번을 불렀다. 아내는 이 노래를 알지 못했다. 어릴 때 교회에서 수박을 먹으며 부르던 노래라고 일러주었다. 중고등학교 때부터 부모님 몰래 교회를 다닌 아내는 여름성경학교에 대한 기억이 없다. 당연히 내가 알고 있는 노래를 부를 수 없었다. 공원에 나갈 때마다 몇 가지 노래를 알려줬지만 몇 달 뒤에 불러보라고 하면 부르지 못했다. 추억이 없으니 통 외워지지가 않는 것이다. 나는 잊을 수 없는 추억이 있기에 수십 년 전에 불렀던 노래인데도 지금껏 입에서 떠나지를 않는다.

예배당 옆에 시원한 우물이 있고, 여름이면 그 우물물을 길어 마시거나 등물을 하거나 수박을 담가둘 수 있는 교회가 지금도 있을까? 시골 교회를 아무리 다니며 살펴봐도 이제 그런 예배당은 찾을 수가 없었다. 우물의 형태를 유지하고 있는 곳은 간혹 있지만 사용하지 않아 그 기능을 잃어버린 지 오래였다. 새마을운동이 시작되면서 우물이 없어지고 수도가 놓였으며, 환경오염이 심각해지자 더 이상 수돗물도 식수로 사용하지 못하고 생수를 사서 마시게 되었다. 이 모든 게 불과 40~50년 사이에 벌어진 일이다. 1970년대까지만 해도 물을 돈 주고 사먹게 될 날이 오리라고는 상상조차 할 수 없었다. 마을 중심에는 늘 우물이 있었고, 학교나 교회에도 우물이 만들어졌다. 1961년 주요섭의 원작 소설을 영화로 만든 신상옥 감독의 「사랑방 손님과 어머니」에도 예전의 우물이 등장한다. 함석으로 자그맣게 맞배지붕을 씌운 우물에서 마을 아낙들이 삼삼오오 모여 물도 긷고 동네 돌아가는 이런저런 소문도 전했다.

그나마 옛날 우물의 모습을 제대로 볼 수 있는 곳 중 하나는 전남 강진군 도암면 만덕리 귤동마을 초입에 있는 우물이다. 이 마을은 18세기 실학사상을 집대성한 조선 최고의 실학자이자 개혁가인 다산 정약용(茶山 丁若鏞, 1762~1836)의 유배지였던 다산초당이 있어 유명해진 곳이다. 다산초당을 가려면 이 우물을 반드시 거쳐야 하지만 그냥 무심코 지나치면 눈에 띄질 않는다. 정식으로 기와를 올려 맞배지붕을 세우고 사각형 나무 기둥 네 개로 이를 지탱했다. 나무 기둥 중앙에 흙과 돌로 쌓은 둥그런 우물이 놓여 있다. 고개를 들이밀면 물이 그득하고 해맑은 하늘과 구름이 물속에 아른거린다. 주변에는 흙과 돌로 토담을 둘러 운치를 더했다. 바닥에는 질퍽거리지 않게 잘 다듬어진 돌을 깔았지만 계단을 따라 우물가를 오르내리는 맛이 정겹다. 이 정도라도 남아 있는 우물을 오롯이 보기란 여간 어려운 일이 아니다. 이 우물이 다산 선생의 유배 시절부터 있었다면 그는 가끔씩 이 우물에서 목을 축이며 신유박해(辛酉迫害, 1801년에 일어난 천주교도 박해사건)로 흑산도에 귀양 가 있는 형님 정약전을 생각했을 것이다.

우물이 사라지면서 물맛도 옛날 그 물맛이 아니듯이 사시사철 언제든지 사서 시원스레 저장해 먹을 수 있는 수박도 예전의 그 수박 맛은 아닌 듯하다.

3부

릴케와 헤세의 시 한 구절에 왈칵 목이 메고

"새벽 송을 돌고 교회로 다시 돌아오면 다들 녹초가 되었다. 시골 교회는 한 집 한 집이 멀리 떨어져 있어 다 돌려면 다리가 후들거렸고, 도시 교회는 아파트나 상가를 오르내려야 했기에 무릎이 뻐근했다. 찬송가를 너무 많이 불러 목도 아팠다. 강추위에 기타를 치는 사람은 손이 마비될 지경이었다. 선물 보따리를 한 아름 안고 예배당에 들어서면 김이 모락모락 나는 떡국이 마련되어 있었다. 수고한 새벽 송 대원들을 위해 권사님들이 별식을 만들어놓은 것이다. 추위와 허기를 일거에 날려주는 구수한 떡국에 혀가 얼 정도로 짜릿한 김장김치를 얹어 먹는 맛은 천하일품이었다."

해마다 간발의 차로 놓치고 말았던 산타 할아버지

찬바람이 불고 날씨가 쌀쌀해지면 제일 기다려지는 건 크리스마스였고, 가장 보고 싶어지는 사람은 산타클로스 할아버지였다. 어린아이들에게 이것만큼은 예나 지금이나 변함이 없을 것이다. 다만 선물이니 카드니 하는 것에 그다지 익숙하지 않았던 시절에 맞는 크리스마스는 좀 더 절박하다고 할까 간절함, 애절함 뭐 그런 게 있었던 것 같다. 교회에서도 선생님들이나 중고등학교에 다니는 형 누나들이 일찌감치 크리스마스트리를 장식하느라 야단을 떨었다. 소나무에 눈처럼 흰 솜을 떼서 붙이고, 반짝거리는 색종이를 오려서 갖가지 모양을 만들어 달았다. 예수님이 태어나신 날인데 모두들 자기 생일처럼 흥분한 표정들이었다.

"엄마, 오늘밤 산타클로스 할아버지가 정말 선물 가지고 오시는 거야?"

"글쎄다…… 오늘 오시려나, 내일 오시려나, 나는 모르지."

"왜 꼭 내가 잘 때만 왔다 가시는 거지? 낮에 오시면 좋을 텐데……."

"우리 집에만 오시는 게 아니니까. 좀 바쁘시겠니? 빨리 자라. 자야 오시지."

"굴뚝으로 오신다는데, 우리 집엔 굴뚝이 없어서 어떡하지?"

"산타 할아버지는 못 들어가는 집이 없으니까 꼭 오실 거야. 어서 자라니까."

크리스마스 며칠 전부터 나는 잠자리 맡에 양말을 걸어두고 잤다. 산타클로스 할아버지는 흰 수염을 늘어뜨린 채 빨간 모자와 빨간 외투 차림에 선물이 가득한 보따리를 들고 나타나신다고 했다. 루돌프 사슴이 끄는 썰매를 타고 다니는 산타 할아버지는 널따란 대문이나 창문을 놔두고 굳이 굴뚝을 통해 드나든다는 것이었다. 평소 착한 일을 많이 하고 부모님 말씀 잘 듣고 공부도 열심히 한 어린이에게는 푸짐한 선물을 주고 가고, 나쁜 짓을 많이 하고 부모님 말씀도 잘 안 듣고 공부도 게을리 한 어린이에게는 선물은커녕 따끔한 훈계와 회초리질까지 마다하지 않는다고도 했다. 이상한 것은 선물을 꼭 양말 안에 넣어준다는 것이었고,

그래서 산타 할아버지로부터 선물을 받으려면 자기 전에 머리맡에 양말을 걸어두어야 한다는 것이었다. 교회 선생님이나 어른들로부터 전해들은 정보를 모두 종합하면 대체로 그러했다. 내가 그것을 따지거나 타박할 입장이 아니었다. 나는 당연히 선물을 받게 될 아이라고 확신했기에 산타 할아버지가 오실 때쯤 양말을 걸어두고 잤던 것이다. 집에 있는 것 중에 제일 큰 양말을 고르고 골랐지만 내가 생각했던 것보다는 턱없이 작은 양말이었다.

"…… 어? 아무것도 없네? 안 왔다 가셨나? 아니면 선물 안 주고 그냥 가신 건가?"

"어젯밤에 안 오셨나 보다. 오늘밤에는 오시겠지."

아침에 눈을 떠 가장 먼저 양말 속을 확인한 나는 텅 빈 양말을 붙잡고 허탈해했다. 어머니는 눈물이 그렁그렁 맺힌 채 실의에 빠진 나를 위로했지만 기대가 실망으로 바뀌기를 몇 번 거듭하다 보면 흠모하던 산타 할아버지에 대해 미움과 원망이 생길 지경이었다. 게다가 다른 집 아이들이 산타 할아버지로부터 받은 선물이라며 장난감이나 먹을 걸 들고 나와 동네방네 자랑하며 다닐 때는 울컥, 배신감까지 들었다. 옆집까지 왔으면 잠깐만 들렀다 가도 될 것을 하필 우리 집만 훌쩍 건너뛰고 갈 게 뭐란 말인가. 야속함이 치밀어 올라왔다.

"와! 선물이다. 양말 속에 선물이 들어 있다. 엄마, 엄마, 산타 할아버지 다녀가셨어!"

마음고생 며칠 만에 드디어 내 양말에도 선물이 채워져 있었다. 센베이 과자였다. 밀가루나 멥쌀을 반죽해서 구워 낸 과자로 바삭거리고 단맛이 나서 아이들이 좋아했다. 둥근 모양의 납작한 것도 있었고, 굴려서 둘둘 만 것도 있었고, 깍두기처럼 생긴 것도 있었다. 나는 김 맛이 나는 과자와 생강 맛이 나는 과자를 즐겨 먹었다. 같은 과자라도 아버지가 사다주신 것과 산타 할아버지가 선물로 주신 것과는 맛이 달랐다. 어떤 해에는 도화지랑 크레파스를 선물로 주고 가실 때도 있었고, 어떤 해에는 삶은 달걀과 사이다를 주고 가실 때도 있었다. 참으로 묘하게도 내가 기다리다 지쳐 깜빡 잠이 들었을 때만 몰래 다녀가시곤 했다.

크리스마스이브에 착한 아이들을 찾아와 선물을 주고 간다는 산타클로스는 실존 인물이다. 소아시아 지방 리키아의 파타라 시에서 출생한 성 니콜라스(Saint Nicholas, 270~343)의 이름에서 유래하였다. 자비심이 충만했던 그는 미라의 대주교가 되어 남몰래 많은 선행을 베풀었다. 특히 그는 아이들을 좋아해서 매년 12월 6일에 어린이들에게 작은 선물을 나눠주곤 했다. 가톨릭교회에서는 그를 성인으로 추앙하면서 숭고한 그의 뜻을 기려 12월 25

일을 성 니콜라스의 축일로 삼아 기념했다. 훗날 아메리카 신대륙으로 이주한 네덜란드 사람들이 그를 산테 클라스라고 부르면서 자선을 베푸는 사람의 전형으로 삼게 되었다. 이를 미국인들이 따라하다가 산타클로스라고 발음하게 된 것이다. 19세기 이후 기독교 문명이 전파되면서 크리스마스가 전 세계적인 축제로 정착하게 되자 산타클로스 역시 착한 어린이들에게 선물을 주는 상상 속의 인물로 만들어졌다. 산타클로스 특유의 흰 수염과 빨간색 복장은 1931년 미국의 화가 해돈 선드블롬이 코카콜라 광고를 제작하면서 그린 그림에서 시작되었다. 마케팅 전략의 하나로 코카콜라 로고 색깔을 상징하는 붉은색 옷과 콜라 거품을 연상시키는 풍성한 수염을 그려 넣은 것이 산타클로스의 전형적인 모습으로 굳어진 것이다.

> "루돌프 사슴 코는 매우 반짝이는 코
> 만일 네가 봤다면 불붙는다 했겠지.
> 다른 모든 사슴들 놀려대며 웃었네.
> 가엾은 저 루돌프 외톨이가 되었네.
> 안개 낀 성탄절 날 산타 말하길
> 루돌프 코가 밝으니 썰매를 끌어주렴.
> 그 후론 사슴들이 그를 매우 사랑했네.
> 루돌프 사슴 코는 길이길이 기억되리."

크리스마스만 되면 예배당에 모여 산타 할아버지를 기다리는 마음을 담아 목청껏 불러대던 이 캐럴의 주인공 루돌프도 1939년 미국인 카피라이터 로버트 메이의 아이디어에서 탄생하였다. '몽고메리 워드'라는 미국의 대형 백화점이 광고에 빨간 코를 가진 루돌프 사슴을 캐릭터로 내세우면서 산타클로스와 함께 크리스마스의 상징으로 알려지게 된 것이다.

산타클로스에 대한 환상이 깨지기까지 양말 속에 든 선물을 받은 건 대략 서너 번 정도가 아니었을까 싶다. 어머니는 내가 철들기 전 해마다 크리스마스가 다가오면 양말 속에 넣어줄 선물을 구하기 위해 노심초사했을 것이다. 나는 그것도 모르고 늘 보채기만 했다. 산타클로스 할아버지가 더 이상 오지 않는다는 것을 알게 되었을 때부터 인생은 고달파지기 시작했는지도 모른다. 나중에 주일학교 교사가 되어 크리스마스 때 아이들에게 나눠줄 선물을 포장하면서 얼마나 즐거웠는지 모른다. 어렸을 때 머리맡에 걸어두었던 양말 생각이 났다. 흰 수염을 붙이고 산타 복장을 갖춘 후 보따리를 든 채 아이들 집을 찾아 선물을 나눠주었다. 해맑게 웃으며 신기해 하는 아이들 표정 속에서 그 옛날 철없던 내 얼굴이 떠올랐다.

새벽바람을 가르며 울려 퍼지던 천사들의 선율

세월이 흐르면서 사라진 소리들이 있다. 은근히 기다려지기도 하고 조용하면 왠지 허전해지기도 했던 소리들이다. 제일 먼저 생각나는 건 "찹싸알떠어억! 메미일무우욱!" 하고 리듬에 맞춰 길게 내빼며 외치던 찹쌀떡과 메밀묵 장사들의 외침이다. 기나긴 겨울밤 가뜩이나 허기진 배가 이 소리만 들으면 꼬르륵 소리를 내며 더 난리를 쳤다. "함 팔아요! 함 사세요!"를 외치던 함진아비들의 소리도 요즘은 듣기 힘든 소리가 되었다. 혼례 날짜가 정해지면 신랑 집에서 신부 집으로 혼례 때 입을 옷을 지을 채단과 폐물과 혼서지 등을 넣은 함을 보내게 된다. 함을 지고 가는 사람을 함진아비라고 부르는데, 신부 집에 가까울수록 소리를 지르며 신부 가족들과 함 값에 대한 흥정을 벌였다. 함진아비는 신랑 친구나 친지 중에 넉살 좋은 사람이 많았다. 애교나 장난이 지나쳐 마찰을 빚는 경우도 있었지만 경사를 앞둔 집에서 흔히 벌어지던 진풍경이었다. 아직도 남아 있는 건 얼음이 얼 정도로 날이 추워지면 어김없이 길거리에 등장하던 구세군 자선냄비이다. 정복을 말끔하게 차려입은 구세군 사관들이 종소리를 울리며 "메리 크리스마스!"를 외치는 사이 자선냄비는 점점 무거워졌다.

뭐니 뭐니 해도 아쉬운 건 성탄절 새벽에 이집 저집에서 들을 수 있었던 아련한 새벽 송이 없어진 것이다. 크리스마스이브가 되면 예배당에 모여 예배도 드리고 게임도 하고 야식도 먹으며 즐거운 시간을 보내던 청년들이 성탄절 새벽녘 기타를 메거나 하모니카를 챙겨 순서대로 교인들 집을 돌았다. 집 앞에 이르면 문 밖에 서서 조용히 찬송을 불렀다. 고요한 새벽에 부르는 노래라서 새벽 송이라고 했다. 예수님이 태어나신 날 천사들이 잠을 자던 목자들에게 나타나 아기 예수의 탄생 소식을 전하고 찬양과 경배를 드린 데서 유래하였다. 새벽 송에는 세상에 빛으로 오신 주님의 탄생을 찬양하고 이를 맞는 각 가정을 축복한다는 뜻과 거룩한 성탄절 새벽에 잠을 자는 게 아니라 깨어 일어나 기쁨으로 주님을 맞는다는 의미가 담겨 있다. 새벽 송을 부르는 교인들은 자신들이 밟는 땅을 주님께서 다스리시기를 기원하는 간절한 마음을, 새벽 송을 맞는 교인들은 선물이나 음식 등을 준비해 교제를 나누고 이를 모아 가난한 이웃들에게 전달한다는 따뜻한

마음을 가지고 있었다. 1970년대까지만 해도 시골이나 도시를 가릴 것 없이 성탄절 새벽마다 골목골목 새벽 송이 울려 퍼졌다.

"고요한 밤 거룩한 밤
어둠에 묻힌 밤
주의 부모 앉아서
감사기도 드릴 때
아기 잘도 잔다.
아기 잘도 잔다."

1818년 프란츠 그루버가 작곡하고, 요제프 모어가 가사를 붙인 '고요한 밤 거룩한 밤(Silent Night)'은 해마다 크리스마스 때면 세계적으로 가장 많이 불리는 캐럴인데, 새벽 송을 부를 때도 역시 제일 많이 불렀던 찬송이다. 예전에는 겨울바람이 왜 그렇게 춥고 매서웠는지 모른다. 한겨울에는 기온이 영하 20도 밑으로 내려가는 게 예사였다. 낮에도 그런데 새벽에는 그야말로 칼바람이었다. 신발도 지금처럼 좋은 재질로 만든 게 아니라서 양말을 두 켤레나 신었어도 밖에 조금만 서 있으면 발이 시렸다. 시린 발을 동동 거리고 손에 입김을 불며 찬송을 부르고 있으면 문이 열리면서 집사님이나 권사님 장로님 얼굴이 보였다.

"아이고, 감사합니다! 어서 오세요. 자자, 잠깐 들어와서 몸 좀 녹이고 가세요!"

"메리 크리스마스! 아기 예수님의 탄생을 축하드립니다!"

"자, 뜨거운 차를 마시고 여기 빵도 좀 들어요."

집 안으로 들어가면 따뜻한 커피와 과자, 귤이나 사과 같은 먹을거리가 상 위에 놓여 있었다. 한 집에 오래 머물 수는 없었지만 몸을 녹이지 않으면 다음 집으로 가기가 어려웠다. 새벽 송 인도자는 대개 젊은 남자 집사님이나 전도사님이 맡았다. 교인들 집을 잘 알아야 하고, 순서를 정해 한 집도 빠짐없이 들러야 했기 때문이다. 만약 인도자가 착각해서 새벽 송을 빠뜨린 집이 있게 되면 사달이었다. 나중에 손이 발이 되도록 빌더라도 두고두고 원망을 들어야 했다. 잠깐 앉았다 일어설 때면 집주인 측에서 먹을거리나 선물 상자 혹은 자그마한 봉투 등을 내밀었다. 이는 선물 담당이 꼼꼼히 자루에 챙겨 담았다.

어떤 집은 남편이나 시부모가 예수를 믿지 않아 무척 조심스러운 가정도 있었다. 다른 집보다 훨씬 작은 목소리로 찬송을 해도 얼마 되지 않아 여 집사님이 부리나케 뛰어나왔다. 그러고는 무척 미안한 표정으로 연신 머리를 숙이면서 선물 상자를 건네주었다. 이럴 때는 눈치껏 조용히 물러나거나 침묵으로 잠시 기도를 드린 후 다른 집으로 재빨리 이동해야 했다. 예수를 믿지 않거나 종교가 다른 집에서도 성탄절 새벽 송만큼은 넉넉한 마음으로 용인해주던 시절이었다.

새벽 송을 돌고 교회로 다시 돌아오면 다들 녹초가 되었다. 시골 교회는 한 집 한 집이 멀리 떨어져 있어 다 돌려면 다리가 후들거렸고, 도시 교회는 아파트나 상가를 오르내려야 했기에 무릎이 뻐근했다. 찬송가를 너무 많이 불러 목도 아팠다. 강추위에 기타를 치는 사람은 손이 마비될 지경이었다. 선물 보따리를 한 아름 안고 예배당에 들어서면 김이 모락모락 나는 떡국이 마련되어 있었다. 수고한 새벽 송 대원들을 위해 권사님들이 별식을 만들어놓은 것이다. 추위와 허기를 일거에 날려주는 구수한 떡국에 혀가 얼 정도로 짜릿한 김장김치를 얹어 먹는 맛은 천하일품이었다. 떡국 한 그릇을 간단히 비운 다음 잠시 집에 들러 눈 좀 붙이다 보면 곧바로 성탄절 아침예배 시간이었다. 새벽 송을 돌며 모은 먹을거리와 선물 혹은 돈은 한데 모아 교회에서 따로 마련한 선물이나 쌀, 연탄 등과 함께 성탄절 예배 후 동네 어려운 이웃들에게 전달되었다. 성탄절 교회에서 가난한 사람들을 위해 준비한 쌀과 연탄은 고통스러운 긴 겨우살이를 간신히 버티게 해주는 천사들의 기쁜 소식과도 같았다.

1980년대로 접어들면서 세상도 많이 변했고 인심도 달라졌다. 가뜩이나 교회는 시끄러운 곳이라는 인식이 있어온 터에 예배당마다 차임벨을 경쟁적으로 달아 울려대면서 교회는 소음을 일으키는 곳이라는 생각을 갖게 만들었다. 개인의 안락한 삶이 중시되면서 아파트의 층간 소음 문제로 다툼과 분쟁이 끊이지 않는 세태 속에서 성탄절 새벽 송은 점점 설 자리를 잃고 말았다. 새벽 송을 빙자해 성탄절 새벽마다 좀도둑이 극성을 부린 것도 새벽 송이 없어지게 만든 큰 요인이 되었다. 급기야 요즘은 성탄절 새벽이 되어도 통 새벽 송을 들을 수가 없게 되었다. 어린 시절 어머니는 성탄절 새벽이면 새벽 송을 맞을 준비로 부산하셨다. 손님들이 앉을 자리를 깨끗이 치우고 정돈했다. 평소 잘 쓰지 않던 찻잔에 푸짐한 과일이며 과자까지 정성껏 마련해 놓으셨다. 단잠에 빠져 있던 나까지 깨워서 옷을 입혔다. 나는 새벽 송보다도 자꾸만 먹을 것에 눈길이 갔다. 문 밖에서 캐럴이 들리면 어머니는 옷매무새를 가다듬고 밖으로 나가셨다. 곧이어 덩치가 산만 한 형 누나들이 들이닥쳤다. 어머니는 집 안에서도 캐럴을 불러달라고 요청하셨다. 지금도 성탄절 새벽이 되면 아파트 창문을 열고 아래를 내려다본다. 어디선가 그때 불렀던 새벽 송이 들려오는 것도 같기 때문이다.

"기쁘다 구주 오셨네.
만백성 맞아라.
온 교회여 다 일어나

다 찬양하여라.

다 찬양하여라.

다 찬양 찬양하여라."

그토록 하고 싶던
요셉 역은
끝내 하지 못했으니

지금은 고등학생이 어린애 취급을 당하고 대학생들도 전임 교역자와 담당 교사가 있어 예배와 성경공부 등을 지도하면서 일일이 챙겨주지만 예전에는 대학생은 물론 고등학교 2, 3학년만 되도 거의 어른 대접을 받았다. 그만한 인력이 없어서였기도 했지만 한편으로는 그만큼 조숙했다는 의미이기도 했다. 주일학교 교사들 중에는 고등학생도 제법 있었다. 1970년대 중반 내가 국민학교 5학년 때의 일이다. 성탄절이 다가오자 주일학교에서는 축하발표회 준비가 한창이었다. 성탄절 전후로 각종 예배와 축하행사 등이 이어지지만 교인들로부터 가장 큰 관심과 호응을 받는 건 성탄절 저녁때 벌어지는 주일학교 어린이들의 축하발표회였다. 우리는 고등학교 2학년인가 3학년이던 여자 담임선생님의 지도를 받으며 열심히 연습에 임하고 있었다. 5학년 남학생들로 구성된 중창단의 율동을 겸한 캐럴 합창이었다.

"자, 노래와 율동 연습은 이만하면 됐고…… 다들 잘할 수 있겠지?"

"네, 선생님. 잘할 수 있습니다!"

"그럼 인사하는 연습을 하자. 앞에 나가서 줄을 맞춰 선 다음 이렇게 인사를 하는 거야."

노래와 율동쯤이야 얼마든지 잘할 수 있었다. 그런데 우리 순서가 되면 강단 앞으로 나가 줄을 맞춰 선 다음 이렇게 인사하라고 알려주는 선생님의 동작이 유치찬란했다. 명색이 곧 최고 학년인 6학년이 될 나이인데, 그렇게 젖비린내 나는 인사를 하라고 시키다니 어이가 없었다. 마치 1학년처럼 차렷 자세를 하고 "메리 크리스마스!"라는 구호를 외치며 거수경례를 한 다음 노래와 율동을 하고 나서 다 끝나면 처음 했던 것과 똑같은 인사를 한 후에 들어오면 된다는 것이었다. 어처구니가 없었지만 우리는 시키는 대로 연습을 해야만 했다.

"야, 이건 1, 2학년 때나 하는 유치한 인사법 아니냐? 우리 시키는 대로 하지 말자."

"뭐라고? 그래도 선생님이 하라는 걸 안 하면 나중에 혼이 날 텐데……."

"고등학생이라 뭘 몰라서 그래. 우리 그냥 당당하게 목례를 하고 남자답게 노래하자."

"…… 글쎄…… 그래도 될까? 끝나고 나서 어떻게 감당하려고 그러는 거야?"

나는 아이들을 선동해 5학년 수준에 맞게 구호 없이 목례를 하고 나서 노래와 율동을 하자고 단단히 약속을 했다. 드디어 축하발표회 막이 오르고 학년 별로 준비한 순서가 열띤 분위기 속에 진행되었다. 악기 연주, 퀴즈, 장기자랑 등에 이어 우리 차례가 다가왔다. 우리는 강단 앞으로 걸어가 나란히 줄을 맞춰 섰다. 사회자의 소개가 있자 나는 신사답게 고개를 숙여 인사를 했다. 하지만 다른 아이들은 모두 구호를 외치며 거수경례를 하는 게 아닌가. 목례를 한 건 나 혼자뿐이었다. 바로 앞에서 선생님이 두 눈을 부릅뜬 채 손으로 지시를 하고 있었던 것이다. 당황한 나는 이후 노래와 율동을 어떻게 이어갔는지도 모른 채 허둥지둥 순서를 끝내고서 무대 뒤편으로 돌아왔다. 나를 배신한 아이들은 선생님의 칭찬을 받으며 집으로 돌아갔지만 나는 혼자 남아 선생님의 꾸중을 온몸으로 받아내야만 했다.

중고등학생이 되면서 주일학생 신분에서 벗어나자 성탄설이 돌아와도 축하발표회 준비를 할 필요가 없었다. 대신 중고등부 학생회에서는 매년 성탄절 저녁이나 이브 저녁때 성극을 준비해서 공연했다. 유치하기 짝이 없던 주일학교와는 차원이 달랐다. 성극의 내용이나 대본은 매년 조금씩 달라졌지만 성탄절이니만큼 예수님의 탄생을 다룬 이야기가 주를 이루었다. 연출을 누가 맡느냐, 주인공 역할을 누가 하느냐, 무대 장치나 소품을 얼마나 준비하느냐에 따라 성극의 질이 달라졌고 관객들의 평도 나뉘었다. 중학교 1학년 때야 층층시하 워낙 선배들이 많으니 단역이라도 배역을 맡기가 어려웠지만 2, 3학년쯤 되자 생각이 달라졌다. 좀 비중 있는 역할이 해보고 싶어진 것이다. 성극을 준비할 때가 되면 초미의 관심사는 마리아 역을 누가 맡는가 하는 것이었다. 아기 예수님은 인형으로 대체했기에 사실상 가장 비중이 큰 역할은 마리아였다. 고등학교 1, 2학년 중에 누가 봐도 총명하고 아리따운 여학생이 마리아 역에 선발되었다. 그 다음은 요셉이었다. 대사는 적지만 마리아의 남편이자 예수님의 아버지로서 결코 작은 비중이 아니었다. 무엇보다 선망의 대상이던 마리아와 함께 호흡을 맞춘다는 점에서 남학생들이 틈틈이 기회를 노리고 있던 매력적인 역할이었다.

나는 천사들에게 예수님의 탄생 소식을 듣고 마구간으로 달려가는 목자나 별을 보고 찾아와 아기 예수께 예물을 드리며 경배하는 동방박사 역할을 주로 맡았다. 목자보다는 그래도 동방박사가 좀 폼이 났다. 머리에 터번을 쓰고 턱에는 흰 수염을 붙이고 몸에는 치렁치렁 망토 같은 두루마기를 걸쳤으며 손에는 예물이 담긴 함을 들었다. 동방박사는 대개 세 사람이었다. 예수님의 탄생을 축하하기 위해 바벨론이나 바사 혹은 아라비아로 추정되는 팔레스타인 동쪽으로부터 온 이방 출신 현인 또는 별을 연구하는 점성가들이 가져온 선물이 세 가지였기에 대략 세 사람이었으리라 판단한 것이다. 이들이 가져온 예물은 황금과 유향과 몰약이었다. 황금은 세상에서 가장 귀한 것으로 왕권을 상징하며, 유향은 향기가 뛰어나 성전에서 하나님께 제사드릴 때만 사용했기에 신성을 상징하고, 시체의 부패를 막아주는 약초인 몰약은 죽음을 통한 희생을 상징한다. 좀 더 현실적으로 황금은 이집트로 피신할 때 요셉과 마리아가 사용할 수 있도록 마련한 자금이며, 유향은 예수가 누우신 마구간의 악취를 제거하기 위해 마련한 향기이고, 몰약은 아기의 건강을 위해 준비한 약제라는 해석도 있다.

> "요셉, 제 말을 믿어주세요. 가브리엘 천사가 제게 나타나 말씀하셨어요. '보아라, 그대가 잉태하여 아들을 낳을 터이니, 그의 이름을 예수라고 하여라. 그는 위대하게 되고, 더없이 높으신 분의 아들이라고 불릴 것이다. 주 하나님께서 그에게 그의 조상 다윗의 왕위를 주실 것이다. 그는 영원히 야곱의

집을 다스리고, 그의 나라는 무궁할 것이다.'라고 말이지요."

"나는 처음 그대로부터 아기를 가졌다는 말을 듣고 조용히 파혼을 하려고 생각했었소. 그대는 정숙하고 아름다운 여인이라 그대를 믿지만…… 혼란스러웠소. 그런데 마리아의 고백을 다 듣고 나니 이제야 알 것 같소. 이 모든 게 하나님의 뜻이며 섭리라는 것을 말이오. 오, 주님! 우리가 예수 그리스도의 부모가 되다니…… 예정대로 우리의 혼례를 치릅시다."

마리아가 가브리엘 천사로부터 예수님을 잉태했다는 소식을 들은 후 약혼자인 요셉을 만나 대화를 나누는 장면은 시나리오상 설정된 것이긴 하지만 사실상 성극의 클라이맥스라고 할 수 있었다. 마리아와 요셉의 연기가 절정에 달하는 순간이었던 것이다. 여기서 주인공들이 어떤 연기를 보여주느냐에 따라 박수의 크기가 결정되었다. 나는 전도사님이나 연출을 맡은 대학생 선배를 찾아가 요셉 역을 하고 싶다는 심정을 에둘러 표현해 보았으나 고등학교를 졸업할 때까지 요셉 역은 끝내 내게 돌아오지 않았다. 목자나 동방박사 연기에도 감정을 제대로 싣지 못해 매번 버벅거리던 내게 요셉 역을 맡길 연출자는 아무도 없었던 것이다. 해마다 성탄절이 다가오면 학교 수업이 끝나자마자 예배당으로 달려가 떡볶이에 군고구마를 먹으며 대본을 외우고 성극 연기에 몰입했던 까까머리 학생 시절이 떠오르곤 한다.

───── 올나이트와 파트너 게임

도대체 왜 나만 몰랐던 것일까

중학생이 되면서 교복을 입고 드리는 예배는 색다른 분위기를 연출했다. 코흘리개 주일학생처럼 까불어선 안 된다는 걸 누가 가르쳐주지 않아도 자연스레 알게 되었다. 그때는 매주 토요일 오후에 중고등부 학생회 예배를 따로 드렸다. 일찍 예배당에 도착한 사람부터 알아서 청소를 하고, 미리 만들어놓은 주보를 접고, 마이크를 켜 예배를 준비하고, 끝나고 먹을 간식을 마련하는 등 모든 일을 학생들 스스로 했다. 주일학교 때부터 알던 사이인데도 하얀 칼라가 돋보이는 교복을 단아하게 차려입은 여학생을 보면 얼굴이 붉어지면서 괜히 쭈뼛거리게 되었다. 남녀 공학이 흔치 않았기에 남학생과 여학생이 아무런 제한 없이 만날 수 있는 곳은 사실상 교회가 유일했다. 극장도 함부로 갈 수가 없었다. 미성년자관람불가 영화는 물론이고 청소년이 볼 수 있는 영화라 할지라도 교복을 입고 극장에 간다는 건 왠지 죄를 짓는 것만 같았다. 겨우 들어가 자리를 잡고 앉아도 언제 교외지도 선생님에게 불려나갈지 몰라 영화가 끝날 때까지 가슴이 쿵쾅거려야 했다. 음악을 좋아하는 학생들은 집에 전축이 없으니 유명한 디제이가 있는 음악다방에 가고 싶어 했지만 이 역시 극장에 가는 것만큼이나 가슴을 졸여야 하는 일이었다. 학생들이 갈 수 있는 곳이라야 겨우 빵집 정도였다.

그 시절엔 크리스마스이브만 되면 중고등학생들이 저녁때 예배당에 모여 올나이트를 했다. 올나이트(All-Night)의 사전적 정의는 '주로 즐기기 위해 잠을 자지 아니하고 밤을 새우는 일'이다. 나이트클럽에서 밤새 춤을 추거나 도박판에서 날이 새도록 화투장을 들여다보는 경우를 올나이트라고 한다. 하지만 교회에서 하는 올나이트는 그런 게 아니었다. 학생들끼리 촛불을 들고 경건하게 성탄전야 예배를 드린 후 저녁식사를 하고 나서 즐거운 시간을 보내다가 잠들지 않은 상태로 예수님의 탄생을 맞이하는 순수한 신앙적 모임이었다. 예전에는 야간통행금지라는 게 있었다. 광복 직후인 1945년 9월 8일부터 제5공화국이 들어선 1982년 1월 5일까지 36년 이상 시행되던 제도로 매일 밤 자정부터 새벽 4시까지 일반인의 통행을 금지시킨 것이다. 통행금지 시간이 되면 길이나 도로로 나갈 수가 없었다. 경찰관에게 걸리면 파출소로 끌려가 유치장에서 밤을 꼬박 지새워야 했다. 그러나 성탄절만은 예외였다. 그러니 1년에 단 하루 야간통행금지가 해제된 크리스마스이브에 피 끓는 청춘들이 집에서 심야 라디오만 듣고 있을 수는 없었던 것이다. 교회에서 올나이트를 하다가 새벽이 되면 청년부 선배들과 함께 새벽 송을 돌기 위해 밖으로 나갔다. 억압과 제약이 많았던 시대에 예수님의 탄생은 또 다른 차원에서 젊은이들에게 자유와 해방을 맛보게 해주었다.

올나이트 프로그램 중 하이라이트는 파트너 게임이었다. 예배당에 오기 전 상대방에게 줄 선물을 정성껏 준비해서 자기 파트너로 지정된 사람에게 전달해야 했다. 어떤 선물을 준비해야 좋을까를 궁리하는 단계부터 벌써 마음은 부풀어 올랐고 올나이트에 대한 기대감은 충만해졌다. 남학생과 여학생 숫자에 맞춰 파트너를 정할 수 있도록 번호나 기호를 적은 쪽지를 만들어 함에 넣고 무작위로 추첨해 하나씩 나누어가졌다. 사회자가 해당 번호나 기호를 부르면 당첨된 남학생과 여학생이 앞으로 나가 선물을 교환한 다음 자리로 가서 나란히 앉아 선물을 풀어보며 이야기를 나누었다. 나중에는 이런 방식이 지루했는지 보다 진화한 방법이 등장하기도 했다. 추첨한 쪽지를 펼쳐보면 파트너를 만날 장소가 적혀 있었던 것이다. 어느 학교나 가게 또는 사거리에서 길 건너 몇 번째 전봇대 혹은 신호등 앞에 가면 파트너를 만날 수 있다고 쓰여 있었다. 중학교 1학년부터 고등학교 3학년까지 무작위로 추첨해서 파트너를 정하다 보니 중학교 1학년 남학생과 고등학교 3학년 여학생이 파트너가 되기도 했다. 아무래도 남학생이 여학생보다 1, 2년 선배일 경우가 가장 분위기가 좋아 보였다.

"…… 저기…… 누나, 여기서 만나기로 되어 있나요? 저도 그런데……."

"어? 너로구나? 네가 오늘 내 파트너야? 잘됐네. 반갑다!"

"아, 네…… 저도요. 그런데 제가 한참 어려서…… 죄송해요."

"무슨 소리야? 나는 동급생이나 선배보다 후배가 더 좋아. 가자, 내가 맛있는 거 사줄게."

이상하게 나는 파트너 게임만 하면 주로 선배 누나와 짝이 되었다. 혹시나 하는 마음에 기대감을 가지고 있었을 상대방 누나는 나를 보는 순간 실망감에 가슴이 무너져 내렸겠지만 겉으로는 내색하지 않고 맛있는 것도 사주면서 친절하게 대해주었다. 나 또한 마찬가지였다. 동급생이나 예쁜 후배 여학생을 만나게 되면 깜짝 놀랄 만큼 잘해 주리라 다짐하고 나갔으나 매번 누나를 만나야 했을 때 커다란 좌절감을 맛봐야 했기 때문이다. 아무튼 남녀가 유별하던 시절에 우리는 크리스마스이브 때마다 예배당이라는 공간을 통해 이성간의 만남이라는 달콤한 경험을 할 수가 있었다. 그러나 같이 과자를 먹고 게임을 하고 이야기를 나누다가 통성기도를 하고 나서 흩어졌을 뿐 되바라진 분위기는 아니었다. 대학생이 된 후 여학생들과의 미팅에 별 관심이 없었던 것도 일찍이 교회에서 이런 경험을 했던 까닭이었다.

그런데 시간이 한참 흘러 대학을 졸업하고 사회생활을 하다 보니 그게 다가 아니었다는 사실을 알게 되었다. 중고등학생 시절 크리스마스이브에 예배당에 모여 올나이트를 하고 파트너 게임을 할 때 만났던 선후배 중에 결혼까지 이어진 커플이 상당수였던 것이다. 전혀 그럴 줄 몰랐던 점잖게 생긴 남자 선배도, 새침하기 이를 데 없어 말 걸기조차 힘들던 여자 선배도, 볼 때마다 실없이 장난만 치는 것 같았던 철부지 동기생도 언제 어디서 어떻게 연애를 했는지 몰래 사랑을 키워 가다가 각자의 가정을 이루었다. 특별한 것은 이렇게 이루어진 커플의 경우 파경이나 이혼에 이른 가정이 없다는 사실이다. 하나같이 아들딸 낳고 신앙생활 충실히 하면서 열심히 일하며 잘살고 있다. 숙맥처럼 아무것도 모르던 나만 긴긴 세월 홀로 지내다가 나이 마흔에 이르러서야 간신히 짝을 만나 결혼에 이르게 되었던 것이다.

이를 보면서 나는 크리스천 젊은이들이 교회 안에서 건전한 이성교제를 통해 신앙과 인성이 바르게 정립된 상대를 만나 믿음의 가정을 이루는 것에 대해 적극 찬성하는 입장이 되었다. 실제로 한 결혼정보회사가 미혼남녀들을 대상으로 조사한 결과 개신교인 10명 중 8명은 결혼 상대자의 종교가 개신교나 무교여야 한다고 생각하는 것으로 나타났다. 특히 남성보다 여성이 이런 생각을 많이 가지고 있었는데, 여성들 가운데 무려 92.1퍼센트가 이렇게 대답했다는 것이다. 문제는 교회 안에 젊은이들, 그중에서도 남성들이 없다는 사실이다. 이에 대해 한신대 종교문화학과 김윤성 교수는 『종교전쟁』이라는 책에서 이렇게 진단했다.

> "예전에는 교회를 '연애당'이라고 했습니다. 교회가 아니고서는 남녀가 만나서 연애를 할 수 있는 데가 없었기 때문이죠. 그런데 이제는 연애의 조건도 달라졌거든요. 온라인이든 오프라인이든 다양한 만남의 장들이 있기 때문에 교회가 연애당 기능을 상실했고, 젊은이들을 끌어들일 동력을 상실한 거죠. 어떤 의미에서 개신교 교회는 한국 사회에서 가장 모던한 시공간이었어요. 제사를 없애 여성을 가사 노동으로부터 해방시키고, 젊은이들에게 전통의 굴레에서 벗어나 자유롭게 연애할 수 있는 공간을 제공하고, 급격한 사회 변화에 지친 나이 든 사람들에게는 기댈 수 있는 살가운 공동체를 제공한 거죠. 그러나 사회가 변하면서 교회를 가는 것은 더 이상 모던한 일도, 멋있는 일도, 계몽적인 일도 아니게 되어 버린 거죠."

누구나 시인, 수필가, 연주자가 되었던 아스라한 가을밤

부활절과 성탄절을 제외하고 주일학교 어린이들에게 가장 중요한 행사가 여름성경학교였다면 중고등부 학생들에게 가장 크고 의미 있는 행사는 문학의 밤이었다. 무더운 여름이 지나 귀뚜라미 울음소리가 들려올 때면 각 교회에서는 문학의 밤을 준비하느라 여념이 없었다. 문학의 밤은 말 그대로 크리스천 중고등학생들이 순수하게 문학을 통해 자신들의 재능을 발산하고 다른 교회나 믿지 않는 친구들 그리고 지역 사회 주민들과 격의 없이 소통하는 장이자 통로였다. 인생에서 가장 감수성이 예민할 때인 이 시기에 한 편의 시나 수필, 노래나 그림이 주는 울림은 상상 그 이상의 것이었다. 게다가 컴퓨터나 인터넷, 스마트폰 등이 없던 아날로그 시대에 자신들만의 정서적 공감대를 만들고 공유하

문학의 밤

기에 이보다 더 좋은 기회는 없었다. 낙엽 굴러가는 것만 봐도 배꼽을 잡는다는 여학생들은 여러 교회를 전전하며 지독한 문학의 열병을 앓기도 했다. 평소 문학에 관심이 없던 무뚝뚝한 남학생들도 이때만큼은 누구나 다 시인이 되고 수필가가 되고 연주자가 되어 숨어 있던 예술혼을 불살랐다.

학생회 간부를 독차지하면서 나서기 좋아하고 말 잘하던 학생들은 뒤로 물러나고, 보통 때 별 말이 없고 조용하던 책벌레 스타일의 학생들이 앞으로 나서게 되는 것도 이 무렵이었다. 글 좀 쓰고 문학책 깨나 읽는다는 학생들의 어깨에 잔뜩 힘이 들어갈 수밖에 없었다. 문학의 밤 준비위원회가 구성되면 프로그램을 짜고 담당자를 정하고 홍보 계획 등을 수립했다. 제일 먼저 해야 할 일은 미술반 학생들이 중심이 되어 포스터를 만들어 붙이는 일이었다. 교회 주변 학교와 다른 교회 학생들이 많이 참석해서 빈자리 없이 좌석이 빼곡하게 들어차야 누구나 성공적인 문학의 밤이라고 인정해주었다. 눈에 잘 띠도록 글씨도 큼지막하게 쓰고 그림도 멋지게 그려 넣은 포스터가 완성되면 인근 교회나 학교를 찾아가 포스터 부착을 부탁했다. 그러고 나서 남은 것은 풀을 쒀 가지고 다니면서 동네 전봇대나 골목 벽면 등에 직접 붙이고 다녔다. 불법 부착물이었지만 그렇게 하지 않으면 애써 준비한 문학의 밤을 널리 알릴 길이 없었기에 눈치 있고 발 빠른 남학생들이 요령껏 포스터를 붙이고 다녔다.

죽는 날까지 하늘을 우러러
한 점 부끄럼이 없기를
잎새에 이는 바람에도
나는 괴로워했다.
별을 노래하는 마음으로
모든 죽어가는 것을 사랑해야지.
그리고 나한테 주어진 길을
걸어가야겠다.
오늘 밤에도 별이 바람에 스치운다.

어느 교회를 막론하고 문학의 밤 때마다 거의 빠지지 않고 등장하던 시는 윤동주의 '서시'였다. 해방 뒤에 발간된 유고 시집 『하늘과 바람과 별과 시』에 수록된 명시로 암울한 식민지 조국에서 지성인으로서 겪어야 했던 고뇌와 아픔을 섬세한 서정과 투명한 시심으로 노래한 작품이다. 수도 없이 듣고 또 들었던 시이건만 조명을 받으며 앞에 선 남학생이 약간 떨리는 음성으로 시를 낭송할 때면 손수건으로 눈가를 찍어내는 여학생들도 많았다.

나를 당신의 도구로 써주소서.
미움이 있는 곳엔 사랑을
다툼이 있는 곳엔 용서를

분열이 있는 곳엔 일치를
의혹이 있는 곳엔 믿음을
그릇됨이 있는 곳엔 진리를
절망이 있는 곳엔 희망을
어둠엔 빛을
슬픔이 있는 곳엔 기쁨을 가져오는 자 되게 하소서.
위로받기 보다는 위로하고
이해받기 보다는 이해하며
사랑받기 보다는 사랑하게 하여 주소서.
우리는 줌으로써 받고
용서함으로써 용서받으며
자기를 버리고 죽음으로써 영생을 얻게 됨을 깨닫게 하소서.

청빈한 생활과 헌신적 사랑으로 유명한 이탈리아의 수호성인 프란체스코의 '평화의 기도' 역시 자주 낭송되던 시였다. 신의 음유시인으로도 불렸던 그의 시는 알렌 포트가 작곡한 성가로도 빈번하게 불려졌다. 아무리 문학에 관심이 없어도 여학생들과 이야기를 나누고 싶거나 문학의 밤 때 순서 하나라도 맡고 싶다면 윤동주의 '서시'나 성 프란체스코의 '평화의 기도' 정도는 외우고 있어야 했다. 시 낭송과 수필 낭독, 연극과 모노드라마에 이어 학생들로부터 열화 같은 반응을 얻은 것은 기타 연주와 피아노 독주였다. 문학이 주인공인 행사였지만 음악과 미술이 빠질 수는 없었다. 인근 학교와 교회에서 많은 여학생들이 모여든 절호의 기회에 빼어난 기타 실력으로 그녀들의 마음을 사로잡아 보려는 남학생들이 피나는 연습을 거쳐 무대에 올랐다. 여학생들도 마찬가지였다. 늠름한 선배 남학생들로부터 뜨거운 박수갈채를 받으려면 백조에 버금가는 자태로 피아노 한 곡쯤은 멋지게 연주할 수 있어야 했다.

When you're weary feeling small.

When tears are in your eyes I will dry them all.

I'm on your side.

Oh, when times get rough and friends just can't be found.

Like a bridge over troubled water I will lay me down.

1970년대 미국의 전설적인 포크 록 듀오였던 사이먼 앤 가펑클의 명곡 'Bridge over troubled water(험한 세상의 다리가 되어)'를 기타 반주에 맞춰 유창한 영어로 부르는 것은 모든 남학생들의 꿈이었다. 기타가 되면 노래가 되지 않았고, 노래가 되면 기타가 되지 않았으며, 기타와 노래 수준을 겨우 끌어올리면 발음이 엉망이었다. 이 곡을 완벽하게 끝내고 나면 다른 모든 출연자들을 제압하고 그날의 스타로 등극할 수 있었다. 그에 미치지는 못하지만 1950년대 프랑스 영화 「금지된 장난」에서 주제곡으로 사용됐던 스페인 민요 '로망스' 역시 기타 연주의 단골 메뉴였다. 여학생들이 피아노 독주를 할 때 가장 많이 연주했던 곡은 베토벤의 '엘리제를 위하여'였다. 베토벤이 결혼하고자 마음먹었던 18세 소녀 테레제 말파티를 위해 작곡한 것인데, 이 작품을 출판한 루트비히 놀이 베토벤의 자필 악보를 잘못 읽어 '테레제를 위하여'가 아니라 '엘리제를 위하여'가 되었다고 전해진다. 당시로서는 별 볼 일 없었던 베토벤은 이런 불후의 명곡을 선사했음에도 불구하고 단박에 청혼을 거절당했다. 하지만 이 곡은 베토벤을 상징하는 불멸의 곡이 되어 전 세계 사람들로부터 사랑받았으며, 해마다 문학의 밤이 되면 애절하고 아름다운 멜로디로 청춘들의 가슴에 활활 불을 질렀다.

인생의 푸르른 봄날이었던 십대 시절, 우리는 문학의 밤이 있어 울고 웃으며 새싹 같이 여린 감성과 지성을 성장시킬 수 있었다. 릴케와 헤세의 시 한 구절에 목이 메고, 톨스토이와 도스토예프스키의 명문장 한 줄에 심장이 뜨거워졌다. 저녁마다 예배당에 모여 기타와 피아노를 연습하고, 집에 가면 밤새도록 시와 수필을 읽던 그때의 순수했던 얼굴과 목소리는 다 어디로 간 것일까. 변함없이 가을이 오면, 내게 그런 날이 있었다는 것만으로도 절로 미소가 지어진다. 결코 돌아갈 수는 없지만 언제든 돌이켜볼 수는 있다는 게 얼마나 행복한 일인가.

시린 손 호호 불며
가리방을 긁어 만들던 주보

주일학교 예배 때는 주보라는 게 없었다. 사회자 선생님께서 시키는 대로 하면 됐기 때문이다. 그런데 중학생이 되어 매주 토요일 오후 학생회 예배를 따로 드리게 되면서 주보를 받아 보게 되었다. 설교만 담당 전도사님이나 지도 집사님이 하시고 나머지는 학생들 자치로 이루어지다 보니 주보도 담당자가 직접 만들었다. 주보 담당자는 금요일 저녁 예배당에 나와 미리 만들어 놓던가 아니면 토요일 학교 수업이 끝나자마자 부리나케 달려와 주보를 만들어야 했다. 요즘은 컴퓨터와 복사기가 발달되어 컴퓨터로 문서를 작성해서 바로 출력을 하거나 원본만 출력해서 복사를 하면 얼마든지 깨끗하고 다양하게 문서를 다량으로 만들어 낼 수 있지만 그때는 꿈도 꾸지 못할 일이었다. 주보 만드는 일은 등사기를 이용해야 했다. 등사기(謄寫機)는 1886년 8월 8일 미국의 발명왕 에디슨이 소량의 복사물을 제작하기 위해 발명한 사무용 인쇄기를 말한다. 한자로는 '베낄 등'에 '베낄 사'를 쓰는 까닭에 말 그대로 문서를 베껴 내는 기계라는 의미이다. 사무실이나 관공서에서 문서를 복제할 때도, 학교에서 가정통신문을 만들거나 시험 문제지를 인쇄할 때도 대개 등사기를 사용했다. 1984년 초겨울 한 중앙 일간지에는 '등사기 판매경쟁 치열'이란 제목으로 이런 기사가 실리기도 했다.

> '등사기 등 경인쇄기의 보급이 증가하면서 수동식 등사기와 전동식 등사기의 경쟁이 치열해지고 있다. 6일 사무기기업계에 따르면 OA 붐을 타고 대기업 및 일반기업체가 사무비용 절감과 능률향상 등을 위해 사내 인쇄물을 자체적으로 처리, 경인쇄기 보급이 올 들어 약 20퍼센트 증가 추세를 보이고 있다. 이에 따라 원지에 필경을 하여 잉크 롤러로 한 장 한 장 밀어 쓰던 수동식 등사기와 원통에 원지를 감아 돌리는 수동식 윤전등사기, 자동으로 되는 전동식 윤전등사기의 시장 쟁탈전이 벌어지고 있다.'

인쇄기라고는 하지만 알고 보면 등사기는 굉장한 물건은 아니었다. 007가방 같은 네모난 나무 상자 안에 인쇄에 쓰는 모든 도구들이 다 들어 있었다. 맨 먼저 할 일은 등사원지를 강철로 된 줄판 위에 잘 펼쳐 놓은 후 철필로 주보에 담을 내용을 쓰거나 그리는 일이었다. 등사원지는 파라핀, 바셀린, 송진 등을 섞어 만든 기름을 먹인 얇은 종이로 푸른색을 띠고 있었다. 철필은 볼펜이나 만년필처럼 생겼으나 심이나 펜촉 부분이 송곳처럼 쇠로 만들어진 필기구였다. 자를 대고 줄을 긋고 예배 순서를 적은 다음 성경공부 말씀을 찾아 기록하고 광고 내용을 정리한 후 적당히 빈 공간에 그림을 그려 넣으면 완성이었다. 그러나 이게 말처럼 쉬운 일이 아니었다. 처음 작업을 하게 되면 선도 잘못 긋게 되고 오타도 나오고 줄도 틀려 비싼 등사원지를 여러 장 날려 버리기 일쑤였다. 수차례의 시행착오를 거쳐 노련한 기술을 익혀야 비로소 실수 없이 일을 해낼 수 있었다. 철필에 너무 힘을 주면 등사원지가 찢어지기도 했고, 너무 살살 약하게 쓰면 인쇄가 흐릿하게 나왔다. 등사원지에 그림을 그려 원근감과 명암을 제대로 살려내 인쇄하는 것은 정말이지 고도의 기술을 요하는 일이었다.

"어? 일찍 나왔네? 아, 너 가리방 긁는구나? 고생이 많다."

"선배님 오셨어요? 네, 뭐 별 거 아닙니다. 다들 돌아가며 하는 일인데요."

"그래도 이 추운 겨울에 가리방 긁는 게 얼마나 손이 시린 일인데…… 장갑도 없어?"

"장갑을 끼고 하면 글씨가 잘 써지지 않아서요. 빨리 하고 손을 녹이면 됩니다."

중학교 3학년 때부터 나는 등사기로 주보 만드는 일을 맡아 했다. 그때 우리는 등사기로 주보 만드는 일을 '가리방 긁는다'고 표현했다. 가리방(がりばん)은 원지를 긁는 철판을 가리키는 일본말이었다. 표준어를 써야 했지만 관행적으로 입에 붙은 말이라 잘 고쳐지지가 않았다. 더운 여름에는 상관이 없었으나 추운 겨울 줄판 위에 등사원지를 놓고 철필로 글씨를 쓰려면 차가운 줄판에서 느껴지는 한기가 손을 꽁꽁 얼게 만들었다. 그렇다고 장갑을 끼면 감각이 떨어져 글이나 그림 작업이 잘 되지 않았다. 조금 하다가 난로에 손을 녹이고 다시 하고 또 쉬었다 하길 반복해야 했다. 주보를 양면으로 인쇄해 접으려면 등사원지 두 장 위에 글과 그림을 빼곡하게 채워 넣어야 했다. 등사원지가 완성되면 본격적인 인쇄가 시작되었다. 등사판 뒷면에 인쇄할 등사원지를 틀에 끼워 부착한 다음 손잡이가 달린 롤러에 검정색 잉크를 묻혀 등사판 앞면을 문지르면 등사판에 달린 얇은 천을 통해 잉크가 새어 나와 등사원지에 철필로 긁은 부분을 통과해 아래에 놓아둔 종이에 인쇄가 되는 방식이었다. 롤러로 밀 때는 힘 조절을 잘해야 하며, 잉크가 골고루 묻을 수 있게 신경을 써야만 했다.

롤러로 한 번 민 다음 등사판을 들어 올려 인쇄된 종이를 끄

집어낸 뒤 다시 등사판을 닫고 롤러를 밀어야 했기에 양면으로 주보 100장을 인쇄하려면 롤러를 밀고 등사판을 들어 올리는 일을 200번 넘게 해야 했다. 혼자 하려면 여간 고된 일이 아니었지만 두 사람이 짝을 이뤄 하면 훨씬 수월했다. 등사원지 두 장을 한 사람이 한 장씩 만들면 됐고, 인쇄할 때도 한 사람이 롤러를 담당하면 한 사람은 인쇄된 종이를 꺼내고 뒤집어서 다시 넣는 일을 해주면 됐기 때문이다. 하지만 시간이 맞지 않거나 같이 일할 사람을 구하지 못하면 모든 일을 혼자서 해내야 했다. 돈이 없을 때는 시험지라고도 불리는 누런 갱지에 인쇄를 했으나 약간 여유가 생긴 뒤로는 새하얀 A4 용지를 사서 인쇄를 했다. 급한 마음에 허둥지둥 작업을 했을 때는 인쇄물이 마음에 들지 않아 예배 시간 내내 기분이 우울했지만 글도 그림도 인쇄도 마음에 쏙 들었을 때는 힘든 줄도 모른 채 가슴이 벅차올랐다. 주보 만드는 일을 하다 보니 예배가 끝나고 나서 주보를 집으로 가져가는 학생들이 그렇게 사랑스러웠고, 주보를 의자 밑으로 흘려버리거나 구겨서 쓰레기통에 넣는 학생들을 보면 화가 치밀어 올랐다.

"야, 주보를 왜 이렇게 많이 만들었어? 50장이면 충분할 걸 100장이나 만들었냐?"
"오늘 왠지 학생들이 많이 올 것 같았습니다. 믿음을 가지고 만들었습니다."

"무슨 소리야? 특별한 일도 없는데…… 이거 다 버리면 아깝잖아?"

"기다려보십시오. 분명히 많이 모일 겁니다. 제가 감이 확 왔다니까요."

주보를 만들다 보니 수량을 조절하는 일이 어려웠다. 모자라면 핀잔을 들어야 했고, 딱 맞추면 아슬아슬했으며, 많이 남으면 낭비가 심하다고 선배들에게 야단을 맞아야 했다. 그러나 나는 야단을 맞더라도 넉넉하게 만드는 길을 택했다. 그렇다 보니 예배 시간이 다가오면 학생들이 도서관이나 친구 집으로 가지 않고 예배당으로 향하길 마음속으로 간절히 기도하게 되었다. 예배를 준비하고 교인들을 기다리는 목회자의 심정을 조금이나마 이해할 수 있게 된 셈이었다. 어머니는 주보를 한 장도 버리지 않고 잘 모으셨다. 1월 첫 주부터 12월 마지막 주까지 주보를 차곡차곡 모아 연도 별로 정리해두셨다. 목사님이 자료를 찾다가 지나간 주보가 필요할 경우 어머니께 연락을 할 정도였다. 주보란 일회용 문서인데 뭘 저렇게까지 정성껏 모을 필요가 있나 싶었다. 그런데 그게 아니었다. 어머니는 매일 주보를 들여다보면서 한 주간을 동일한 시간과 공간과 말씀 속에서 살아가셨던 것이다. 나는 주보를 만드는 방법밖에 몰랐지만 어머니는 주보를 제대로 활용하는 방법을 알고 계셨던 것이다.

밤늦도록 타오르는 장작불 곁에서 죄를 회개하던 시간

어린이들에게 공식적으로 불장난이 허용된 것은 매년 정월 대보름 쥐불놀이를 할 때였다. 본래 쥐불놀이는 농작물에 피해를 주는 쥐를 잡고 들판에 있는 나쁜 기생충을 태워 없애기 위해 논과 밭에 있는 마른 풀에 불을 놓아 태우는 풍습이었다. 그렇게 불을 놓아 타고 남은 재는 다음 농사를 지을 때 밑거름이 되어 곡식의 새싹이 잘 자라도록 돕는 역할을 했다. 이렇게 불을 놓으면 모든 잡귀를 쫓고 액을 달아나게 만들어 아무 탈 없이 한 해를 지낼 수 있게 된다고 믿었다. 서울 사는 아이들도 쥐불놀이를 하는 날이면 밑바닥에 못 구멍을 여러 개 낸 다음 긴 철사로 양쪽 끝을 매단 깡통 안에 불붙은 장작개비와 솔방울을 잔뜩 집어넣은 채 온 힘을 다해 빙빙 돌리며 뛰어다녔다. 서울도 사대문 밖이나 변두리는 시골이나 다를 바 없이 논과 밭이 많았기에 정월 대보름 어스름이면 불 깡통 돌리는 아이들로 넘쳐났다. 여기저기서 어둠 속에 둥근 원을 그리며 불꽃들이 춤을 추는 장면은 가히 장관이었다.

중학생이 되어 처음 가본 여름 수련회에서 가장 기대되는 순간은 캠프파이어였다. 마지막 날 땅거미가 지면 너른 터에 모여 켜켜이 쌓아 올린 장작더미에 불을 지른 뒤 둥글게 앉아 노래도 부르고 이야기도 나누고 기도도 하는데, 분위기가 너무 좋아 밤새도록 시간가는 줄 모른다는 한 선배의 경험담을 들은 터였다. 그 순간 어린 시절 강아지처럼 들녘을 헤집고 다니며 불 깡통을 돌려대던 일이 떠올랐던 것이다. 불은 사람을 묘하게 흥분시키는 무언가가 있었다. 특히나 사춘기 남학생에게는 더욱 그랬다. 당시만 해도 여행이라는 게 일상화 되어 있지 않았다. 보통 사람들에게는 기껏해야 고등학생 때 잠깐 갔다 오는 수학여행과 결혼식 끝나고 나서 바람처럼 다녀오는 신혼여행 정도가 전부였다. 그런 의미에서 교회 수련회는 장소도 다양했고 프로그램도 다채로워 여행의 참맛을 느낄 수 있었다. 가평이나 양평 같은 서울 근교로 갈 때도 있었고, 경남이나 전북 등 비교적 먼 지역까지 내려갈 때도 있었다.

"지금부터 수련회 마지막 시간인 캠프파이어의 불꽃 점화가 있겠습니다. 장작더미 위의 십자가를 바라보며 둥글게 서서 손을 맞잡으십시오. 함께 외치겠습니다. 하나! 둘! 셋!"

사회자의 인도에 맞춰 구령을 외치자 건너편 위쪽으로부터 작은 불꽃 하나가 빠른 속도로 장작더미를 향해 돌진했다. 불꽃이 바짝 마른 장작에 닿자마자 우물 정자로 쌓아 올린 탑 모양의 장작더미에 불길이 치솟았다. 일순 와, 하는 함성이 터져 나왔다. 그게 다가 아니었다. 장작더미로부터 불꽃 하나가 위쪽으로 타올라 가더니 맞은편 위쪽에 새겨진 글씨로 옮겨 붙었다. '오직 말씀으로!', '성령 충만한 학생회!' 등 그해의 학생회 표어나 수련회 주제를 새긴 글자에 불이 활활 타올랐다. 놀라운 광경이었다. 대단했다. 가슴이 절로 뜨거워졌다. 기타 반주에 맞춰 두 손을 들고 찬양을 했다. 아무리 노래를 불러도 목이 아프지 않았고 오래도록 두 손을 들고 있었음에도 팔이 아프지 않았다. 장작 가운데 세워둔 십자가가 쓰러져 내릴 즈음 자신의 죄를 적은 쪽지를 들고 한 사람씩 나가 읽은 뒤 불길 속으로 쪽지를 던져 태웠다. 부모님 말씀 잘 듣지 않은 죄, 학교에서 시험 볼 때 커닝한 죄, 친구 도시락을 빼앗아 먹은 죄, 호기심으로 담배를 피웠던 죄……. 그토록 착실하고 어여쁘게 보이던 선배들에게도 다 죄가 있었다. 나도 죄를 적어 읽고 나서 얼른 불길 속으로 집어던졌다.

"…… 생각했던 것보다 성적이 잘 나오지 않아…… 차마 고생하시는 어머니께 부끄러운 성적표를 보여드릴 수가 없었습니다. 그래서 어머니를 상심시켜 드리지 않기 위해 다음에 시험 잘 봐서 좋은 성적 나왔을 때 보여드려도 늦지 않다 결심하고 몰래 아버지 도장을 훔쳐 성적표 부모님 확인란에 찍은 뒤 선생님께 가져다드렸습니다. 정직하지 못하고, 비겁하고, 비열하고, 부끄러운…… 아, 하나님과 부모님을 속인 이 더러운 죄를 회개합니다."

수련회(修練會)는 교회에서 교인들을 대상으로 성경의 가르침에 입각해 훈련함으로써 신앙의 성숙과 심신의 단련을 이루기 위해 교회를 떠나 2박 3일 또는 3박 4일 정도의 시간 동안 자연 속에서 모임을 갖는 걸 말한다. 어떤 교회에서는 수양회(修養會)라고도 했다. 주로 중고등부 학생회와 대학 청년부에서 매년 여름 전국 각지로 수련회를 떠났다. 특정 교회나 마을에 머물며 농사일을 돕거나 봉사 활동을 하는 경우도 있었고, 자체 프로그램을 통해 성경공부와 영성훈련에 몰입할 때도 있었다. 캠프파이어(Campfire)는 수련회 프로그램의 꽃이라 할 수 있었다. 난생 처음 캠프파이어를 목격한 이후 나는 수련회를 갈 때마다 캠프파이어를 준비하는 팀에 들어가고자 노력했다. 선배들로부터 장작더미를 멋지게 쌓아 올리는 법을 배우고, 더욱 기발하게 불꽃을 점화하는 방법을 연구하며, 글씨를 예쁘게 써서 오래도록 타오르게 할 수 있는 묘안을 궁리해 내느라 무진 애를 썼다. 선배들이 졸업해서 학생회를 떠나기 전에 배울 수 있는 걸 다 배워야 했지만 그게 말처럼 그리 쉬운 일이 아니었다.

마침내 내가 수련회 캠프파이어 총책임자가 되었을 때의 일이다. 오래도록 꿈꿔 왔던 서커스 같은 캠프파이어를 만들고자 아침부터 준비를 서둘렀다. 장작들을 육각형으로 첨성대를 쌓듯 괴어 올렸다. 가운데는 경건하면서도 아름다운 나무 십자가를 굳건하게 세웠다. 나무 가운데 잔가지와 솔잎과 신문지도 충분히 구겨 넣었다. 한쪽 언덕 위 소나무에서부터 철사를 장작더미까지 연결해 불을 붙이면 곧바로 장작더미를 향해 돌진하게 만들었다. 굵은 철사를 자르고 이어 붙여 글자를 만든 뒤 솜을 둘둘 말아 잘 타도록 단단히 여몄다. 점화 한 시간 전에 휘발유도 넉넉하게 뿌려두었다. 모두들 내 솜씨에 혀를 내두르며 환상적인 캠프파이어를 보내게 될 걸 생각하니 뿌듯했다. 드디어 학생들이 둘러앉아 점화가 시작되길 기다렸다. 사회자의 신호에 따라 언덕 위 소나무에 있는 불꽃이 타올랐다. 그런데 어찌된 영문인지 불꽃이 내려오질 않았다. 제자리에 대롱대롱 매달려 타오를 뿐이었다. 하는 수 없이 사회자가 성냥으로 장작더미에 불을 붙였다. 그게 끝이 아니었다. 불꽃이 위로 타오르며 글씨에 점화가 되어야 하는데, 그것마저 되지 않았던 것이다. 이번에도 사회자가 막대기에 불을 붙여 직접 갖다 대고 나서야 글자가 타오르기 시작했다. 자동식 점화 장치가 모조리 수동식으로 바뀌어 버린 것이다. 순서는 예정대로 이어졌지만 나는 난감하기 그지없었다.

"여러분, 우리가 오늘 이 시간에 여기 왜 모여 있는 겁니까? 캠프파이어를 즐기기 위해? 타오르는 불꽃을 바라보며 신나게 노래를 부르기 위해? 청춘의 낭만을 불태우기 위해? 아닙니다. 오늘 우리는 주님을 만나기 위해 여기 모여 있습니다. 지금 이 순간 우리는 주님을 만나야 합니다. 우리 모두 죄를 회개하십시다. 주님을 만나게 해달라고 기도하십시다!"

전도사님의 인도에 따라 모든 학생들이 큰소리로 죄를 회개하며 기도하기 시작했다. 기도 소리는 점점 더 커져만 갔고, 여기저기서 울음소리가 들려왔다. 점화는 실패로 끝났지만 장작은 끝도 없이 거세게 타올랐다. 나는 망연자실 무릎을 꿇었다. 최고의 캠프파이어를 꿈꾸던 나 때문에 최악의 캠프파이어가 되고 말았다는 자괴감과 치욕스러움이 온몸을 휘감았다. 나는 그날 밤 눈물 콧물을 흘리며 내 무지와 교만과 어리석음을 회개했다. 불꽃이 사그라지면서 하나둘 자리에서 일어설 때도 나는 도무지 얼굴을 들고 먼저 일어설 수가 없었다.

꿈과 희망을 하얀 종이 위에 담아내던 청춘의 흔적들

멀리 이사를 가거나 유학을 떠나지 않는 다음에야 주일학교 어린이들이 자라 중고등부 학생회를 이루었고 이들이 고스란히 청년부에 소속되어 신앙생활을 했다. 집이 비교적 먼 곳으로 이사를 했음에도 한 동네에서 자라난 지기들을 잊지 못해 매주 토요일 저녁 청년부 예배에 참석했다가 교회에서 자고 이튿날 주일학교 교사로 봉사한 뒤 대예배를 드린 다음 집으로 돌아가는 대학생들도 있었다. 나도 그 멤버 중 하나였다. 교회에서는 이런 청년들을 위해 흔쾌히 잠자리를 내주었고, 주일 아침마다 이들을 집으로 초대해 식사를 제공하는 집사님 부부도 생겨났다. 고등학교를 졸업하고 원하던 대학에 입학해 계속 학교를 다니는 청년들도 있었지만 여러 가지 사정상 바로 사회생활을 시작한 젊은이들도 있었다. 대학 문이 넓어지기는 했으나 1980년대 초까지만 해도 고등학교를 졸업하고 대학에 진학하는 사람들보다 그렇지 않은 사람들이 훨씬 더 많았다. 고등학생 때까지는 잘 몰랐는데, 대학생이 되자 어른들은 대학을 갔느냐 못 갔느냐, 어느 대학을 다니느냐 하는 것으로 젊은이들을 판단하려는 경향이 있었다. 우리는 기성세대의 그런 선입관과 편견에 결코 동의할 수 없었다.

몇몇 어른들은 대학생들과 직장에 다니는 청년들을 분리해서 대학부와 청년부 모임을 따로 해야 한다고 주장하기도 했다. 하지만 우리는 끝까지 대학부와 청년부를 나누지 않고 청년회라는 이름으로 하나의 모임을 이어갔다. 대학을 다니느냐 안 다니느냐, 어떤 대학에 다니는 학생이냐 하는 것은 교회 밖 세상 사람들에게는 중요한 문제일 수도 있겠지만 교회 안에 모인 크리스천들에게는 하나도 중요하지 않은 문제였다. 시국은 갈수록 어둠의 터널 속으로 빠져들고 있었다. 서울의 봄은 길지 않았고 신군부에 의해 제5공화국 정부가 들어섰다. 하루가 멀다 하고 데모가 이어졌기에 대학 근처는 최루가스 때문에 마음 놓고 지나다닐 수가 없었고, 강의는 툭 하면 휴강에 휴강을 거듭했다. 진보적인 교단에 속한 교회 청년회는 시국선언과 시위참가에 매우 적극적이었던 까닭에 경찰들의 요주의 대상이었다. 보수적인 교단에 속한 교회 청년회도 어수선하긴 매한가지였다. 어딜 가나 화해와 일치는 간 데 없고 분열과 상처뿐인 나날이 이어졌다. 우리는 교회 청년회를 통해 회지를 만들기로 했다. 암울한 시대를 깨우는 우리들의 꿈과 희망을 담아낼 회지의 이름은 '함께'로 정해졌다.

'함께'는 매주 주보 형식으로 발행되던 청년회 기관지였다. 이걸 확장해서 문집 형식의 책자로 발행하는 것이었다. 편집위원회를 구성하고 원고 모집 공고를 냈지만 자발적으로 원고를 써서 들고 오는 사람이 많으리란 기대는 하지 않았다. 편집위원들이 일일이 찾아다니며 사정하고 설득해서 원고를 받아내야만 했다. 화해와 일치를 위해 한 사람도 빠짐없이 원고를 싣는 걸 원칙으로 했다. 몇 달 지나자 제법 많은 원고가 모였다. 책자를 만드는 일은 겨울방학 기간에 맞추었다. 예배당에 모여 야근이나 철야 작업을 해야 했기에 시간을 많이 내려면 그때가 가장 좋았다. 편집진은 세 팀으로 나뉘어졌다. 원고를 손질하고 다듬어서 깔끔하게 정리하는 편집 팀, 이를 유려한 필체로 써내려가 인쇄할 수 있게 만드는 필사 팀, 필사 팀에게서 넘겨받은 원고 위에 멋진 그림이나 도안을 그려 넣어 책자를 아름답게 꾸미는 미술 팀이었다. 가장 힘든 건 손 글씨를 써야 하는 필사 팀과 펜과 붓으로 쉴 새 없이 그림을 그려야 하는 미술 팀이었다. 아름다운 손 글씨체를 가진 사람과 그림이나 도안 실력이 탁월한 사람을 그렇지 못한 사람이 아무리 도와주고 싶어도 달리 도와줄 방법이 없었다.

윤(閏) 동짓달이 있는 해는 봄이 항상 짧아
처자 맘을 모르는 무심한 햇살은
수나네 집 토담에 핀 패랭이 꽃 보듬네.
우리 수난 열다섯
봄이 오는 열다섯
벙그러진 웃음이 하늘 높이 노래하는 노고지리, 보리밭
가르마 타고 숨어드는 붉은 설레임
짧은 봄빛 매끄럽다고 무색 치마 끝에 달린
열다섯 살 마음.

1984년에 만들었던 「함께」에 실린 한 선배의 '춘심(春心)'이라는 시다. 공대생이었음에도 불구하고 연애편지 깨나 써보았을 솜씨여서 이후 개인적으로 많은 조언을 받기도 했다.

나는 빈손입니다.
내 마음도 텅 비었습니다.
삶은 허무를 남겼습니다.
스물한 살의 꿈은
내게 태양빛을 주었지만
이내 까아만 먹구름만 채웁니다.
누군가 어깨를 툭 치며

젊음이 있으니까

빈손이 아니라고 말해줍니다.

스물한 살의 꿈은

내게 인생의 울먹임을 주었지만

이내 환한 소망으로 이끌어줍니다.

늘 밝은 미소로 인사하던 한 자매의 '스물한 살의 꿈'이라는 시로 1985년에 만든 「함께」에 실린 작품이다. 타지에서 힘든 직장 생활을 하면서도 흔들림 없이 신앙을 지켜 나가던 청년이었다. 어떤 선배는 포항제철에 취직이 돼서 내려가야 하는데, 정들었던 교회를 떠나기 싫어 원하던 기업에 취직이 된 게 원망스럽다는 투의 글을 실어 빈축을 사기도 했다.

"제가 이번에 포항제철에 취직해서 내려가게 되었습니다. 그런데 저는 교회에 다시 오고 싶은 마음이 간절합니다. 교회를 그렇게까지 생각한다는 것은 모순인 것 같지만…… 지원할 때 본사가 포항에서 서울로 이동된다든가, 서울에도 사무소가 있다는 것으로 미루어 다시 서울로 올라올 가능성도 상당히 많다는 것을 알았습니다. 서울에 올라올 가능성이 전혀 없는 직장이라면 지원하지 않았을 것입니다. …… 되도록이면 다시 오고 싶은 마음이 간절합니다. 가서도 군 복무 중인 형제들과 외지에 있는 형제들을 위해 기도하겠습니다."

120여 쪽에 달하는 책자를 만드는 일은 결코 녹록치 않았다. 마감을 앞두고는 사나흘이나 밤을 꼬박 새워야 했다. 인쇄는 등사기가 아닌 마스터인쇄를 이용했다. 한 장 한 장 정성껏 완성한 원고를 순서대로 맞춰 복사기처럼 생긴 제판용 카메라로 촬영해 인쇄판을 만든 다음 이를 인쇄기에 걸어 인쇄한 후 무선철로 제본하는 방식이었다. 내지는 미색의 A4용지를 쓰고, 표지만 좀 더 고급스러운 용지를 사용하면 비교적 저렴한 비용으로 제작할 수 있었다. 당시 대학가 주변에는 마스터인쇄소들이 많았다. 두근거리는 마음으로 완성된 회지를 들고 예배당에 들어서면 사방에서 환호성이 터졌다. 우리는 한 쪽 한 쪽을 행여 놓칠 새라 유심히 들여다보면서 자신들의 땀과 노력을 몇 차례나 확인했다. 회지는 온 교인들에게 나누어주고 이웃 교회 청년회에도 전달했다. 「함께」지를 통해 우리는 남녀노소, 빈부귀천, 학력고하, 진보보수를 막론하고 모두가 예수 그리스도 안에서 하나가 되는 세상을 꿈꾸고 희망했다.

벌써 30년이 훨씬 넘는 세월이 흘렀다. 가끔씩 누렇게 빛바랜 회지를 펼쳐볼 때가 있다. 20대 초반 펄떡이는 청춘의 뜨거운 피와 잠 못 이루는 숱한 고뇌들이 면면에 가득하다. 그때 그 청춘들은 지금 어디서 무엇을 하면서 살고 있을까? 아는 사람도 있고 이

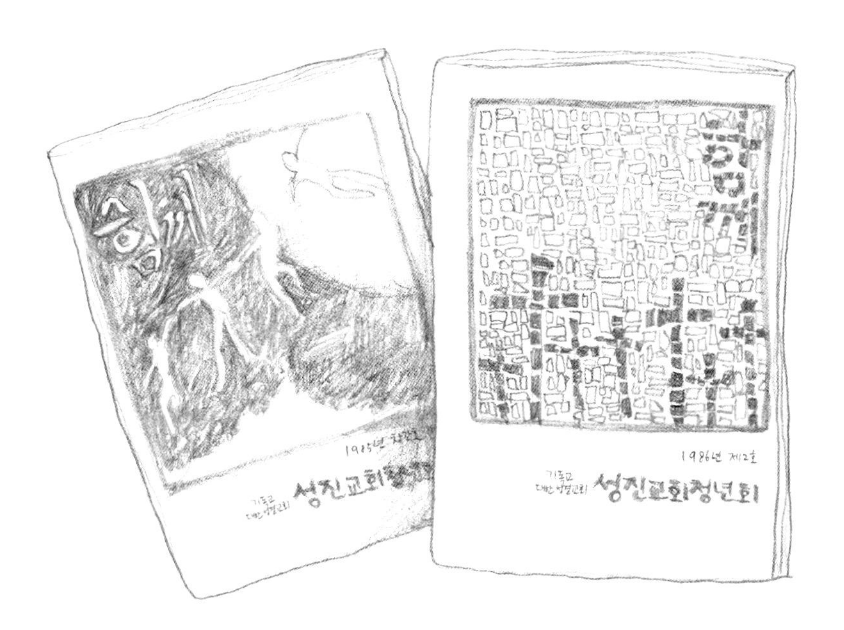
1986년 제12호
기독교 대한성결교회
성진교회청년회

름조차 가물가물한 사람도 있다. 누구는 외국에 나가 산다는 소식도 들었고 누구는 남쪽 바닷가에 산다는 풍문도 들렸다. 언젠가 우리가 다시 만날 수 있을까? 다시 볼 수 있을지 없을지 모르지만 그때 그 시절 우리 모두 가슴속에 품었던 꿈과 희망만은 결코 잃지 않고 살아가기를 소망해 본다.

내 청춘의 팔 할은 예배당에서 만들어졌다

십 수 년 전 『안동교회 이야기』라는 책을 쓰기 위해 경북 안동시를 자주 오갈 때였다. 마침 추수감사절을 맞아 안동교회의 예배 장면을 목격할 수 있었다. 주차 공간으로 쓰던 앞마당에서 차를 모두 치우고 전교인이 돗자리를 깔고 앉아 예배를 드렸다. 예배에는 지역 사회에 있는 각계각층 인사들도 초청을 받아 참석하는 게 오랜 관례였다. 한복을 곱게 차려입은 담임목사와 예배 인도자, 성가대가 순서대로 입장하고, 그 뒤를 따라 부서별로 깃발을 든 채 재단에 드릴 예물을 가지고 나왔다. 각 부서에서 준비한 예물은 푸짐한 과일과 떡, 쌀, 채소, 볏단 등이었다. 감사예배가 시작되자 원로목사가 기도를 하고, 담임목사가 설교를 하며, 상원로 목사가 축도를 했다. 나이 많은 장로에서부터 한복을 곱게 차려입은 집사와 청년들, 앙증맞게 유니폼을 맞춰 입은 어린이들까지 한데 어우러져 장고, 꽹과리 반주에 맞춰 흥겨운 감사절 노래를 불렀다. 예배가 끝나자 교구별로 만들어 온 음식을 나누는 잔치가 벌어졌다.

식사 후엔 윷놀이가 진행되었다. 이날을 위해 엄청난 크기의 윷이 준비되었고, 말은 새로 나온 신혼부부 중에서 선발되었다. 말 두 개가 겹치면 신랑이 신부를 업고 가야 했는데, 말을 잘못 놓을 경우 어떤 신랑은 다리가 후들거릴 정도로 신부를 업고 벌을 서야만 했다. 각 교구에서는 연령을 골고루 잘 섞어 팀을 짠 까닭에 윷놀이를 한 번 하고 나면 세대별, 남녀별, 교구별로 거리감이 없어지고 금방 친해지게 된다. 오전 10시 30분부터 시작된 추수감사절 행사는 오후 2시경까지 이어졌고, 모든 광경은 안동 시내 사람들에게 그대로 노출되었다. 교회 앞으로 시내버스들이 지나다니고, 많은 상가들이 있기 때문에 보기 싫어도 볼 수밖에 없었다. 교회를 다니지 않더라도 안동 사람들은 안동교회에 대해 잘 알고 있기에 흥이 나면 안으로 들어와 함께 음식을 들면서 한바탕 놀다 가기도 했다. 행사가 다 끝나면 예물로 드렸던 음식과 농산물 등을 전부 모아 가까운 고아원이나 양로원을 방문하여 전달하였다.

부활절에도 전교인이 참여해 시가행진을 하면서 지나는 사람들에게 부활절 달걀을 나눠주었다. 크리스마스이브에는 예배당

앞마당에 쌀가마를 잔뜩 쌓아놓고, 교인들이 먹을거리를 만들어 통행하는 차량과 시민들에게 전달하며 캐럴을 불렀다. 버스 안에서, 택시 안에서, 자동차 안에서 음식을 받아가는 사람들은 모두가 즐거운 표정이다. 성탄절이 되면 앞마당에 쌓아둔 쌀가마를 가지고 살림이 넉넉지 않은 불우이웃시설을 찾아 위문하고, 성탄절 예배 때 드려지는 헌금 또한 전액 불우이웃을 돕는 데 사용한다. 이것이 1909년 유교와 불교와 무속의 고장에 세워져 복음의 씨앗을 뿌리면서도 전통과 문화를 잘 융합하며 지역사회로부터 존경과 사랑을 받아 온 교회, 대형 교회의 목회 세습이 여론의 지탄을 받고 있는 때에 일찍이 혈연이 아닌 효도 목회로 일컬어지는 영성과 능력 중심의 목회를 이어 온 교회, 한 세기 이상 단 한 번의 분열도 없이 화해와 일치를 실천해 온 교회, 안동교회의 모습이었다.

나는 이런 교회가 우리나라 곳곳에 좀 더 많아졌으면 좋겠다. 할아버지, 할머니가 만들어놓은 좋은 모범을 아들딸과 며느리, 사위가 잘 이어받아 보다 풍성하게 다듬어 나가고, 이를 손자손녀들이 아름다운 전통으로 계승하면서 그 안에 담긴 정신과 의미를 오롯이 품고 간직하는 교회. 시대가 변하고 환경이 바뀌었지만 예전에 할아버지, 할머니들이 논일 밭일 하다가 종소리를 듣고 예배당으로 달려가던 시절, 새벽마다 마룻바닥에 엎드려 무릎 사이에 얼굴을 박고 눈물 콧물 흘려가며 기도하고 또 기도해도 매일 기도할 게 넘쳐나던 시절, 그분들은 과연 무슨 생각으로, 무엇을 위해, 어떻게 예수를 믿었는지를 알고 그 본을 따르며 지키려고 무던히 애를 쓰는 교회. 이런 교회라면 간혹 실수를 하더라도, 어쩌다 실족하는 일이 생기더라도 금방 본래의 건강성과 순수성을 회복할 수 있지 않을까. 이런 바람을 가지고 30~40년 전 내가 보고 겪은 소박한 예배당 풍경과 신앙생활의 추억들을 되살려 이 책을 썼다.

물론 그 시절이라고 해서 다 좋고 순수하고 아름다웠던 것만은 아니다. 그때도 나쁜 게 있었고 불순한 것도 있었으며 볼썽사나운 면도 있었다. 본받지 말아야 할 것도 있었고 민망하고 어리석인 것도 많이 있었다. 하지만 그런 측면을 모두 고려하더라도 최소한 그때는 교회가 지금의 교회보다는 깨끗했다. 세상 속에 홀로 둥둥 떠 있는 교회가 아니라 마을이나 지역 공동체와 함께하는 교회였다. 사회를 위해 나라를 위해 헌신하고 희생할 줄 아는 교회였다. 그리고 최소한 그때는 크리스천들이 요즘의 크리스천들보다는 순진했다. 나 혼자 잘 먹고 잘살고 출세하고 성공하기 위해 예배당에 나오는 사람들은 많지 않았다. 내 배도 고프지만 나보다 더 배고픈 사람을 위해 밥숟가락을 양보할 줄 알았고, 내 자식도 귀하지만 남의 자식도 다들 귀한 줄 알았으며, 고통과 슬픔에 빠진 이웃을 위해 함께 울 줄 알았다. 지난 30~40년 동안

앞만 보고 달려오는 사이 우리는 이 소중한 것들을 대부분 잃어버렸다.

개인적으로는 수십 년 전 어린아이로 돌아가 어머니 품에 다시 안긴 것 같은 행복을 맛볼 수 있어 좋았다. 오늘날 한국의 크리스천들이 젊은 시절 어머니처럼만 예수를 믿는다면 한국 교회는 많이 달라질 거라고 생각한다. 어린아이의 눈으로 봤을 때도 젊었을 적 어머니는 참 예수 잘 믿는 여인이었다. 이제 구순 노인이 된 어머니는 기력이나 기억력이 많이 떨어져 예배에 참석하기도 쉽지 않게 되었지만 가끔 이런 말씀을 하시곤 한다. "교회 가도 재미가 없어. 예전 같지가 않아. 내가 늙어서 그런 건가……." 젊은 나도 예전 같지 않다고 느끼는 게 한두 가지가 아닌데, 어머니는 오죽할 것인가. 가난하고 어려웠지만 그때는 교회에 가고 예수를 믿는 게 참 행복했었다. 모든 면에서 부유하고 풍요로워진 오늘날 우리의 신앙생활은 그때보다 더 행복할까? 윤택한 생활과 넉넉한 삶이 신앙생활에 걸림돌이 된다면 차라리 힘들고 궁핍했던 그 시절이 더 좋았던 게 아닌가 하는 생각이 든다.

글을 쓰면서 고난의 시대를 온몸으로 살아냈던 한 남자, 모세를 생각했다. 성경에 나오는 수많은 인물 중 그만큼 파란만장한 삶을 살았던 사람도 드물 것이다. 죽을 고비를 넘기고 구사일생으로 살아남아 이집트 공주의 아들이 되었던 그는 출생의 비밀을 알게 된 뒤 안락하고 편안한 삶을 버리고 스스로 고난의 길을 선택했다. 미디안 광야에서 40년 동안 가축이나 돌보며 촌부로 지내던 그가 역사의 전면에 다시 등장하게 된 것은 하나님의 부르심에 의해서였다. 이후 그는 이스라엘의 지도자가 되어 파라오의 압제로부터 민족을 구원해 내는 위업을 이루게 된다. 하지만 홍해를 건너 곧 젖과 꿀이 흐르는 약속의 땅에 들어갈 것 같았던 모세 앞에 놓인 것은 40년 동안의 모진 광야생활이었다. 그는 끝내 가나안 땅을 밟지 못하고 광야에서 생을 마쳐야 했다. 모세는 모압 평지 느보 산에 올라 조상들의 역사와 자신의 삶을 반추하면서 후손들이 살아갈 미래의 터전을 굽어보는 것으로 마지막 시간을 보냈다.

모세는 자신에게 주어진 시간과 시대적 소명을 잘 알았던 사람이다. 그는 하나님께서 자신의 조상 아브라함과 이삭과 야곱에게 하셨던 언약을 믿었고 잊지 않았다. 그는 틈나는 대로 이스라엘 백성에게 조상들의 역사와 교훈을 절대 잊지 말라고 거듭 가르쳤다. 그러나 젖과 꿀이 흐르는 땅 가나안에 도착한 이스라엘 백성들이 윤택하고 넉넉한 삶에 취해 모세의 가르침을 잊었을 때 어김없이 하나님의 진노가 임했고 고난이 들이닥쳤다. 그러다 모세의 가르침을 기억하고 하나님께 돌아왔을 때 또 다시 평화가 찾아왔다. 조상들이 당했던 고난과 시련의 역사를 결코 잊어서는 안 되는 이유가 바로 여기에 있다. 이집트에서 혹독한 노예생활을 할 때 함께하셨던 하나님, 광야에서 험난한 떠돌이 생활을 할 때 함께하셨던 하나님을 잊어버린 이스라엘 백성처럼 우리도 일제강점기와 6·25전쟁, 가난과 궁핍이 일상이었던 시절 우리와 함께하셨던 하나님을 까마득히 잊고 사는 게 아닌지 돌이켜봐야만 한다.

이 책이 한동안 잊고 지냈던 우리의 기억을 회복시켜 시련과 고난의 때에 우리 선조나 선배들과 함께하셨던 하나님을 기억나게 해주는 작은 촉매가 될 수 있다면 더할 나위 없이 기쁠 것 같다. 극도의 이기주의와 익명성이 윤택한 생활과 넉넉한 삶으로 느슨해진 우리의 몸과 마음을 지배하고 교회 공동체 안까지 깊숙이 스며들었다 해도 우리가 우리 선조나 선배들과 함께하셨던 하나님을 잊지 않고 다시 하나님께 돌아가 그때 그 시절의 순수하고 깨끗하고 소박했던 모습을 회복한다면 우리가 두 발 딛고 서 있는 이 땅은 하나님께서 주신 언약의 땅이 될 것이다. 인생에서 추억은 참으로 소중한 것이다. 어린 시절 자녀들이 교회 안에서 아름다운 신앙생활의 추억을 차곡차곡 쌓아갈 수 있도록 부모들이 더 많은 기회를 주어야 한다. 수십 년 후 자신의 삶을 돌이켜봤을 때 눈물이 핑 도는 낭만과 감동이 떠오를 수 있도록 만들어주는 것, 이것이야말로 부모가 자녀들에게 줄 수 있는 최고의 선물이다.

다시, 돌아갈 수 있을까

초판 1쇄 인쇄 2019년 9월 5일
초판 1쇄 발행 2019년 9월 10일

지은이 유승준
펴낸이 홍병룡
만든이 최규식 · 정선숙 · 김태희
일러스트레이션 샤인
디자인 임현주

펴낸곳 협동조합 아바서원
등록 제 274251-0007344
주소 서울시 영등포구 도림로139길 8-1 3층
전화 02-388-7944 **팩스** 02-389-7944
이메일 abbabooks@hanmail.net

ISBN 979-11-85066-91-2 03230

잘못 만들어진 책은 구입한 곳에서 교환해 드립니다.